D1998007

Karl Napf

Heuhofen ist überall

Knitze Geschichten von Land und Leuten

THEISS

Die Deutsche Bibliothek – CIP-Einheitsaufnahme

Ein Titeldatensatz für diese Publikation ist bei
Der Deutschen Bibliothek erhältlich.

Umschlaggestaltung: Wolfgang Böse-Lucas,
Bietigheim-Bissingen, unter Verwendung einer Zeichnung
von Mechtild Schöllkopf-Horlacher, Stuttgart

© Konrad Theiss Verlag GmbH, Stuttgart 2001
Alle Rechte vorbehalten
Satz: Utesch GmbH, Hamburg
Druck und Bindung: Ebner, Graphische Betriebe, Ulm
ISBN 3-8062-1519-7

Inhalt

Statt eines Vorworts
Heuhofen und seine Menschen

Die Welt ist dem einen Kalkutta oder Calw, Kairo oder Kirchentellinsfurt. Ein Ort des »ständigen Aufenthalts«, wie es im Amtsdeutsch heißt. Ein Ort, den er kennt, wo man ihn kennt und erkennt, der ihm vertraut ist und wo man ihm traut. Ein Ort, in dem es ihm besser geht und er ein besserer Mensch sein kann als anderswo. Ein Ort, dessen natürliche Lage und Ortsbild er vielleicht sein Leben lang liebt.

So eine Gemeinde ist das Wald umkränzte Heuhofen in Württemberg für alle Heuhofener. Dem einen ein unscheinbarer Ort wie tausend andere, dem anderen ein Mikrokosmos, ein schwäbisches Kosmosle, in dem der Kundige alle Tugenden und Untugenden des schwäbischen Stammes, aber auch alles Leid und alle Freude der Welt erleben kann, und das ohne Fernseher und ohne täglich die »Financial Times« zu studieren.

Die Geburt eines Kindes, ja junger Katzen, bietet mehr Gesprächsstoff als die neuesten Kreationen der Pariser Mode oder Berliner Politkrimis, die man gleichmütig zur

Kenntnis nimmt. Gleichwohl lebt man in Heuhofen nicht hinter dem Mond. Man wohnt nicht nur auf einer Hochfläche über dem Tal, man ist auch sonst auf der Höhe. Der ländliche Raum filtert gewissermaßen das Treiben der großen Welt. In der Zeit vor Fernsehen und Rundfunk war dies noch viel ausgeprägter, aber auch heute sieht der Landbewohner noch genauer hin.

Mancher Star in Politik oder dem eigentlichen Showbusiness erweckt dann nur den müden Kommentar: »So ein kannsch de Hasen geben.«

Auch im Internet wird von den Heuhofenern fleißig gesurft, vor allem dort, wo es nichts kostet. »Heuhofen hat jetzt Weltstandard«, sagte der Bürgermeister, als er im Rathaus »online« ging.

Nicht nur das Rathaus ist in Heuhofen noch im Dorf, auch die Kirche, das heißt, die Kirchen. Nach dem Krieg waren viele katholische Heimatvertriebene aus Südosteuropa ins Dorf gekommen. Der katholische Pfarrer war sogar eine Zeit lang ein liebenswürdiger Inder, der noch ohne Greencard nach Deutschland gekommen war. Das große Geistes- und Ingenieurland Deutschland, das Jahrhunderte lang ein geistiges Exportland war, muss jetzt den Geist importieren. Noch sind aber alle gut drauf und die Party geht weiter.

Die Heuhofener verdienen ihren Lebensunterhalt in den Betrieben der Kreisstadt oder – trotz langer Anfahrt – beim »Daimler«. Vollbauern gibt es noch: zwei ehemalige Heimatvertriebene. Ein paar ehemalige Landwirte bewirtschaften einen Teil ihrer alten Flächen noch selbst, haben den Rest verpachtet und gehen ins Geschäft, um ihre Existenz zu sichern. Eine Doppelfunktion, die Würt-

temberg sozial immer stabilisierte, aber auch so manchen braven Mann gesundheitlich ruinierte.
Ein kleines Lebensmittelgeschäft gibt es noch, einen Frisör, Sonnenstudio und Videothek und auch noch vier Wirtschaften. Eine Pizzeria, einen »Griechen«, das Sportheim und das »Gasthaus zur Eisenbahn«, das im Gegensatz zur längst stillgelegten Bahnlinie noch existiert, wenn auch nicht floriert.
Wie viele alte Württemberger sind die älteren Heuhofener recht genügsam, auch wenn man auf die Annehmlichkeiten unserer Zeit nicht verzichten will. Ungläubig reagieren die Jungen im Dorf heute, wenn man ihnen erzählt, dass der klassische Beruf früher Maurer war, und die Heuhofener im Frühjahr in die Schweiz und das Elsass zogen, um als Maurer Geld zu verdienen und dann im November mit dem gesparten Lohn heimzukommen. Von wegen gute alte Zeit!
Das Selbstbewusstsein im »Ortsadel«, den drei beherrschenden Familien der Eberles, Zimmermanns und Pflügers, ging zurück auf die Nachweisbarkeit dieser Familien bis ins 15., gar 14. Jahrhundert, der Besetzung vieler Ämter, großen Grundbesitzes und einem natürlichen »wir sind wir Gefühl«, das durch die vielen Zugezogenen nicht erschüttert werden konnte. Im Gegenteil, bis in die 70er-Jahre war ihr Verhalten für Neubürger stilbildend. Die Anpassung der »Reig'schmeckten« wurde aber anerkannt, wie zum Beispiel bei der Beerdigung eines alten Ostpreußen, bei der es hieß: »Eigentlich war er ja Flichtling, aber sei Haus hat er en de 60er-Johr fascht allein baut.« Ein anderer meinte anerkennend: »86 ischt er worde, wenn des koi Alter isch für en Flichtling.«

Die Heuhofener sind im Übrigen durchaus realistische Menschen und wissen auch, sich die moderne Technik zu Nutze zu machen. Sie sind sich bewusst, dass der Mensch nicht etwa ein minderwertiger Computer ist, sondern ein biologisches Wesen, das darauf ausgerichtet ist, mit Mängeln fertig zu werden.

Die frühere württembergische Lebensart, teils durch die Not erzwungen, teils freiwillige Tugend, war immer ein Schutz vor Verschwendung und Experimenten. Heute aber gibt es Vorkommnisse im Land, die vor fünfzig Jahren noch ins Reich der Fabel versetzt worden wären.

Da verspekulieren württembergische Schultes zweistellige Millionenbeträge in der Südsee, Fürsten im Lande werden wegen Rauschgiftdelikten gesucht, und ehrwürdige Ministerpräsidenten vom alten Schrot und Korn färben sich die Haare. Da schüttelt sich der biedere Landmann. Auch Heuhofen ist keine Insel mehr. Wer in der Welt lebt, kann sich ihr nicht ganz entziehen und muss auf sie reagieren. Politik und Wirtschaft geben Gas »um die Zukunft zu sichern«.

Die Weisheit der Heuhofener besteht hingegen darin, auf dem Teppich zu bleiben und froh zu sein, dass man auf diesem Teppich gut stehen oder gar sitzen kann und sich nicht auf hartem, kalten Stein befindet.

So war noch nie ein Heuhofener auf den Seychellen, aber jeder kennt Baiersbronn. Am Sichersten wird man »die Zukunft sichern«, wenn man sich an die alte schwäbische Devise hält: »No net hudle«. Die Zeit ist nicht unsere knappste »Ressource«, sondern die größte! Bei den ständigen Aufholjagden dürften die politischen Jockeys im Graben landen, aber leider auch Teile der Bevölkerung.

Zu hoffen ist, dass bei aller Offenheit für die Moderne ein Rest von Moral erhalten bleibt, und das nicht nur in Heuhofen.
Bei allem Ernst der Zeit will ich jedoch ein humorvolles Buch schreiben, aus Liebe zu allen Heuhofener Originalen, die diesen Ort so menschlich machen. Menschen, die nie im Scheinwerferlicht standen, deren Leben oft wirklich nur Müh und Arbeit war, aber auch all den Schlitzohren und Schlitzöhrinnen, den Außenseitern und allen anderen Heuhofenern, denn auch sie waren Menschen!

Der Versicherungswilli

Mit dem Dienstleistungsgewerbe ist es bei uns eine seltsame Sache. Ständig beklagen sich die Politiker, wir sollten weniger in der Produktion schaffen, die Arbeitsplätze der Zukunft lägen bei den Dienstleistungen. Banken, Versicherungen, Bausparkassen, Versandhäuser brächten viel Geld herein, seien ökologisch unbedenklich und überhaupt, »Hinter Pflug und Schraubstock« sei auch in der Heimat von Max Eyth wenig zu erwirtschaften.

Bald wird man von geneigter Seite wohl noch Daimler-Chrysler empfehlen zu gehen, nach dem Motto »Gang do no, wo dei Steire zahlsch«, und statt diesem Herzstück der schwäbischen Industrie ein riesiges Fantasialand fördern.

Die meisten kommen beim Stichwort Dienstleistungen ohnehin auf die angenehme Vorstellung, sie würden bedient und nicht auf die Idee, bedienen zu sollen. Dies scheint noch heute nicht die stärkste Seite des »freien Germanen« zu sein. Weshalb vor allem die Gastronomie ein Ausländern gern überlassener Wirtschaftszweig ist.

Dienstleister und zwar Versicherungsagent mit Leib und Seele war der Abkömmling einer alten Heuhofener Familie, der allgemein nur der »Versicherungswilli« genannt wurde, um ihn vom »Sparkassenwilli« und vom »Postwilli« zu unterscheiden, hatten doch alle den gleichen Familiennamen Tochtermann.

Der Versicherungswilli war für seinen Beruf optimal geeignet. Umtriebig und clever wie er war, hatte er als Schüler schon eine »Micky Maus-Tauschzentrale« eingerichtet und lieferte Weinbergschnecken für eine elsässische Konservenfabrik. Seine Schulkameraden schickte er vor allem nach Regenfällen auf der ganzen Markung herum, um ihnen dann die gesammelten Schnecken »weit unter Preis« abzukaufen und an einen Händler weiter zu makeln.

Bald hieß es, Willi kann alles, weiß alles, macht alles. Ein echtes Multitalent, wie es in den Schulstuben nicht gedeiht und in Laufbahnvorschriften oder Ausbildungs- und Studienordnungen nie vorkommt.

Es war die Zeit, als ein Scharlatan namens Bernie Cornfeld seine Vertreter im freien Westen herumjagte und diese unter astronomischen Versprechungen ihren Kunden astronomische Beträge abnahmen, die dann perdu gingen, weil das perpetuum mobile auch bei den Finanzen noch nicht erfunden ist.

So rettete Willi die »Gnade der späten Geburt« davor, in diesen Großbetrug verwickelt zu werden, der neben großen Schwarzgeldbeständen auch einige kleinere und mittlere Vermögen ehrbarer Leute verschluckte.

Willi wurde Lehrling bei der »Agraria-Versicherung«, der einzigen deutschen Versicherung, die sich zum länd-

lichen Raum bekennt, wie er immer wieder betonte. Nach glanzvoll bestandener Prüfung eröffnete er im Hause seiner Eltern ein Versicherungsbüro mit allen Schikanen und der revolutionären Service-Garantie, 24 Stunden am Tag erreichbar zu sein, was freilich nur bedeutete, einen Anrufbeantworter zu haben.
Willi war überall. Kein Verein, keine Elternversammlung ließ er aus, selbst kulturelle Veranstaltungen nahm er in Kauf, um Kontakte zu pflegen und mehr oder weniger diskret seine Versicherungen zu empfehlen. Jung wie er war, betätigte er sich gar als »Tanzbodenkönig« oder »Discoking«, um nah beim Kunden zu sein.
Der Trend geht zur Allfinanz, merkte er rasch und legte sich auch eine Vertretung für eine Bausparkasse und Investmentfonds zu und makelte selbstverständlich auch mit Immobilien. Für einen Finanzmann, der auf Provisionsbasis arbeitet, hatte er noch recht viel Skrupel und meditierte gelegentlich über das Bausparen. »Ist es eine Finanzierungsart oder eine kultische Handlung?«, fragte er sich immer wieder und meinte dann: »Man muss halt dran glauben. Niemand weiß, was die Vorsehung mit einem Bausparvertrag vorhat, aber irgendwann wird er dann doch zugeteilt.«
Ironie der Geschichte ist freilich, dass der Bausparvertrag, Symbol der Sparsamkeit schwäbischer Häuslebauer, ausgerechnet in Württemberg von einem aus Pommern eingewanderten Luftikus mit dem Geld seiner Frau erfunden wurde.
Davon wusste Willi freilich nichts. Er empfahl den eingezahlten Bausparvertrag als »klassisches Hochzeitsgeschenk« und behauptete, »sicher ist sicher«.

Als feiner Psychologe erwies er sich im Investmentfach, empfahl jungen Menschen einen »Tigerfonds«, einen aggressiven Aktienfonds, dem Mittelalter einen »Elefantenfonds« aus deutschen Dax-Aktien und den Senioren einen »Hasenfonds« aus internationalen Rentenpapieren.

Selbst gut verheiratet und Vater von Zwillingen machte er sich viel Gedanken um die Familie. Die vielen Mehrfachgeburten heute könnten ein Indiz für die rapide zunehmende Macht der Betriebswirte sein, um bei gleichem Aufwand viel zu erreichen, spekulierte er. Mediziner erklären aber die auffallende Häufigkeit von Zwillingen nicht als Rationalisierungsmaßnahme, sondern als eine Folge hormoneller Überdüngung.

Auf familiärem Gebiet hatte er dann auch seine lukrativste Idee, den »ewigen Familiensparplan«, der darin bestand, monatlich für jedes Kind 100 DM in einem Rentenfonds anzulegen. Nach seinen Berechnungen wären die Kinder dann schon nach etwa 115 Jahren Millionär oder, wie er höflich sagte, im Falle des Vorversterbens müssten die Enkel und Urenkel den Vertrag weiterführen, was zu einem festen Zusammenhalt der Familie über Jahrhunderte führe. Wer sich in Deutschland um Ideale bemüht, muss mit materiellen Reizen arbeiten, meinte er klug und fühlte sich durch den Absatz seiner »ewigen Verträge« bestätigt. An Selbstbewusstsein fehlte es Willi nicht; wie jeder Verkäufer wusste er, dass man im Außendienst vor allem an sich selber glauben musste. »Ich bin ich, und ‚Agraria' ist mein Panier.«

Hellsichtig wie er war, hatte er schon Ende der 80er-Jahre gemerkt, dass es der Bevölkerung in weiten Kreisen nicht

mehr nur ums Geld ging, sondern auch um Möglichkeiten, dieses lustvoll auszugeben. Gesucht war auch in ländlichen Regionen das Event, wo man sehen und gesehen werden konnte.
Hätte vor fünfzig Jahren ein Heuhofener gesagt, das letzte Problem an der Jahrtausendgrenze sei gute Unterhaltung, Brot hätte man genug, aber es fehle an guten Spielen, hätte man ihn wohl für nicht ganz richtig im Kopf gehalten – und doch sollte es so weit kommen.
Der vife Willi hatte hierzu eine grandiose Idee. Die Gemeindefarren waren fast überall durch den Tierarzt mit seiner Spritze ersetzt worden, und nur an Stammtischen alter Männer wurde dies nostalgisch beklagt. Willis Onkel war der letzte Farrenhalter in Heuhofen gewesen und hatte dafür sogar das Bundesverdienstkreuz bekommen. Mit ihm entwickelte Willi nun das Konzept der »Farrenhochzeit von Heuhofen«. Willi hatte, sensibel wie er war, registriert, dass die Heuhofener und andere des vielen Sex im Fernsehen überdrüssig waren und etwas Neues, Natürlicheres kommen müsse. Mithilfe seines Onkels motzte er nun den Farrenstall elektronisch auf, baute Videokameras und für den Farren und seine Gespielin unsichtbare Logen ein und rüstete eine angrenzende Scheuer mit Bänken und einer Leinwand aus, auf der das Geschehen im Farrenstall »live«, wie im richtigen Fernsehen, übertragen werden konnte.
Über einen Heuhofener im Ministerium für den ländlichen Raum erreichte Willi, dass das Projekt von diesem Ministerium als wegweisendes Modell für die Vatertierhaltung und Beitrag zur Vitalisierung des Landes mit 80 % bezuschusst werden konnte.

Die erste »Farrenhochzeit« war ein Riesenereignis und selbst AFN und CNN hatten Kamerateams entsandt. Jeden Samstag – nachdem der Farren gewaschen war und ausgiebig Kraftfutter gevespert hatte – wurde in Heuhofen der Farrenstall zum Kulturzentrum. Bald gab es für aggressive Verkäufer das Kompliment, er ginge ran wie der Farren von Heuhofen.
Überall wurde Willis »Konzeption« kopiert. In Blaubeuren wurde die schon vom Amtsrichter Dodel verhandelte Geißenhochzeit zu einem großen Volksfest, das noch mehr Besucher anzog als der Ulmer Schwörmontag.
Hoch kultivierten Frauen der obersten Zehntausend wurde bei solchen Hochzeiten, wie z. B. einer Eselshochzeit in Sillenbuch, manchmal ganz anders, und kluge Historiker und Psychoanalytiker – selbst die evangelische Landeskirche – meinten zu diesen exaltierten Reaktionen, solch eine Wirkung habe es früher nur bei Hinrichtungen gegeben. Manche hielten die Tierhochzeiten schon für eine neue Volksseuche – schlimmer als RTL II, weil auch das reine Bild vom Tier nun in den Schmutz gezogen werde. Positiv bemerkten andere den »vitalistischen Trend«. Der Oberkirchenrat erklärte klug und vorsichtig, man werde die Entwicklung im Auge behalten.
Willi erhielt für seine Idee in feierlichem Rahmen die große Landesinnovationsmedaille und wurde in die Image-Werbung des Landes aufgenommen. In seinen Dankesworten wies er stolz darauf hin: »Der Farren von Heuhofen ist so schnell wie andere net amol virtuell« und verstieg sich dann zu der ungeheuren Aussage, die Heuhofener seien Spitze und Ziel der Entwicklung der Menschheit, warum solle es da bei ihren Farren anders sein?

Der Schulrat

Der Übergang der Schulaufsicht von der Kirche auf den Staat war ein wichtiges Ergebnis des Kulturkampfes im 19. Jahrhundert. Nicht mehr »der Herr Spezial« kam nun zur Visitation der Schulen, sondern ein bewährter Schulmann. So ist denn auch in der heutigen Praxis die Position des Schulrates eine Aufstiegsstelle für verdiente Schulmänner fast aller Parteien.
In den Städten mögen als weitere Qualifikationsmerkmale Grundzüge der asiatischen Kampfsportarten und der praktische Umgang mit Infanteriewaffen dazu kommen sowie psychosoziale Kenntnisse zur Bekämpfung der Symptome einer modernen Gesellschaft.
Außerdem muss ein Schulrat auch über Kommunikationskompetenz verfügen, um sich im städtischen wie auch im ländlichen Raum verständlich auszudrücken.
So ein ländlicher Schulrat hebt sich in seinem zivilen Auftreten bei seinen Schulbesuchen sehr wohltuend von den Attacken mancher Oberschulamtspräsidenten, wie dem berühmten »Panzermaier«, ab. Dieser war im Krieg cou-

ragierter Kommandeur eines Panzerregiments im Osten gewesen. Der Turnschuhbetrieb an den Gymnasien war ihm daher ein großer Dorn im Auge, konnte man doch ohne Monokel feststellen, dass die schlappe Haltung mancher Lehrer auch zu einer schlappen Gesinnung bei den Schülern führte.

Gewissermaßen als umgekehrte Konversion führte er daher die »motorisierten Stoßtrupps« gegen übel beleumundete Gymnasien durch. Beim ersten Hähnekrähen fuhren Dienstwagen mit bewährten Beamten am Oberschulamt ab, um fünf Minuten vor Unterrichtsbeginn am Tatort Gymnasium einzufallen. Mancher Pädagoge wurde dabei als virtueller Partisan der abendländischen Gesinnung enttarnt und verbal an die Wand gestellt.

Ein Schulrat aus Heuhofen hingegen weiß wie viele Kollegen, dass die Schule ein Abbild der Gesellschaft ist und mit der Erziehung der Eltern angefangen werden müsste, wer aber ist dafür zuständig? Was bleibt zur Kompensation des Frustes?

Berühmt wurde ein Schulrat im Schwarzwald durch seine »Ölgemälde«, die freilich nicht allen gefielen. »s'lauft älles ineinder nei«, meinte ein Kollege, und anderen war seine Malerei gar viel zu labberig. Respekt stellte sich erst ein, als er ein Bild für sage und schreibe 800 DM verkaufte und sich dieser Reibach mehrfach wiederholte.

In der »schlechten Zeit«, die sich bei den unteren Behörden sehr lange nach dem Krieg hielt, schreinerte ein anderer Schulrat als »Schreiner Schulrat« mit Holz, das er von Betrieben erbat, schöne Regale für das ganze Schulamt und viele Lehrerzimmer; selbstverständlich ohne etwas dafür zu verlangen, was ihn von den Schwarzarbeitern deutlich abhob. Bei seiner Verabschiedung in den Ruhestand hieß es dann versehentlich auch: »Solche Schreiner braucht das Land.«

Unser Heuhofener Schulrat war so gesehen geradezu ein Multitalent. Seine Vorfahren waren in Heuhofen bis ins 14. Jahrhundert nachweisbar, was ihm eine gewisse Sicherheit und auch nicht wenige Grundstücke eingebracht hatte. Auf einer Wiese am Waldrand hatte er seine »Ambrosia-Fabrik«. Er war leidenschaftlicher Imker, der aus dem Honig eine Art Philosophie gemacht hatte.

Bei seiner mündlichen Staatsprüfung stellte er fest, dass der Prüfer sehr schlecht aussah. Diskret sprach er dies vor Beginn des Examens an und meinte, er hätte auch die geeignete Abhilfe dafür, denn zufällig habe er ein Eimerle Honig im Auto. Als dann in der Prüfung der Philosoph Bergson und seine Lehre vom »elan vital« angesprochen wurde, meinte der wackere Heuhofener, den »elan vital« bekäme man am besten vom Honig. So wurde er zum »Honig Schulrat« und teilte seine Schulratsbesuche in vier Stufen ein, indem er nur Honig vorbeibrachte oder Honig mit Dienstpost, oder Honig mit Unterrichtsbesuch, oder Honig mit Dienstpost und Unterrichtsbesuch.

Im Übrigen war er ein beliebter Entertainer bei Festen aller Art, wo er – blühend durch Honig – oft zu großer Form auflief. Als guter Unterhalter musste er freilich immer wieder sein Repertoire an geeigneten Witzen auffrischen. Als ein Freund sich bei ihm beklagte, er hätte ihn am Montagvormittag eineinhalb Stunden nicht auf dem Schulamt erreicht, weil ständig besetzt gewesen sei, er-

klärte er ihm mit entwaffnender Offenheit, montagvormittags gehe das schlecht, da müsse er mit einem Kollegen aus Balingen Witze vom Wochenende austauschen.
»Ja, so sans«, wird der Leser denken und so dachte auch unser Schulrat, wenn ihm ein Lehrerkollege bei seinem Erscheinen auf dem Schulhof aus dem Fenster zurief »Was willsch denn Du schon wieder?« Unter Hinweis, dass er nur Dienstpost oder Honig bringen wolle, konnte er den Unmut der früheren Kollegen meist gleich dämpfen. Fest- und kontaktfreudig wie er war, kannte er viele Menschen in seinem Bezirk, was eigentlich positiv ist und zu großer Beliebtheit des »süßen« Schulrates beitrug.
Einmal aber kam er dadurch in eine heikle Situation: In eine Prüfungspause meinte er zu einer Referendarin, er habe dauernd das Gefühl, sie von irgendwoher zu kennen. Man erwog diesen Verein und jenes Fest, bis die junge Lehrerin meinte, ob es vielleicht auch von der gemischten Sauna in der Kreisstadt kommen könne. So war es und die junge Dame hatte schon in der Pause bestanden.
Sonst pflegte unser Heuhofener Karrierebeamter möglichst wenig zu sehen und zu hören, wie es allgemein üblich geworden ist. Wer im öffentlichen Dienst in Deutschland nichts sieht und hört, kommt am unproblematischsten durch seine vierzig Dienstjährchen. Nach Art der heiligen drei Affen sollte er möglichst auch den Mund halten.
Der Straftatbestand »Feigheit vor dem Freund« ist noch nicht eingeführt, da wundert es einen nicht, dass in Deutschland Feigheit zum Lebenselixier der Demokratie geworden ist.

Man übersieht, überhört, man glaubt nicht, meint, so schlimm wird's doch nicht sein und lässt's halt laufen, dann hat man schon keinen Ärger. Die ganze Staatsverwaltung erscheint Kennern als groß aufgezogenes »Schwarzer Peter-Spiel«. Schließlich werden die Beamten nicht fürs Denken, sondern für Aktenvermerke bezahlt, was konkret nicht zuletzt heißt, den »schwarzen Peter« rechtzeitig weiterzugeben.
Vielleicht fehlt es in Stuttgart, Berlin und anderswo aber auch nur an Honig.

s'Resle

Mit den »Originalen« ist es in der postpostmodernen Gegenwart so eine Sache. Nicht jeder unangepasste Menschen kann als Original bezeichnet werden, sondern wohl nur der, der sein Anderssein im Dasein auch bewusst kultiviert und sich in seinem Sosein aus der grauen Masse hervorhebt, auch wenn diese graue Masse heute in allen Farben daher kommt.

Während der Anpassungsdruck in den Städten und Ballungszentren fortlaufend zunimmt und »Wegweisende Einrichtungen«, wie Daimler Chrysler, in den Büros fast nur noch Englisch zulassen, gilt am Band noch Türkisch als Verkehrssprache, aber auch Deutsch und sogar Schwäbisch kann man »unten an den Maschinen« hören. Der Nachwuchs an Originalen kommt daher, wenn überhaupt, nur noch von der Basis der Bevölkerung und gedeiht, von einigen zu sehr Gelockerten in den Städten einmal abgesehen, nur noch auf dem Lande.

So amüsierte man sich in Heuhofen lange über »s'Resle« und seine Gewohnheiten. Trotz der Verkleinerungsform

»s'Resle« war diese eine Frau von eher drei als zwei Zentnern. Dieses Übergewicht kam nicht »von den Drüsen« oder dem starken Knochenbau, sondern von ihrem ungeheuren Appetit vor allem auf »Süßes«.
Manche Heuhofener gönnten ihr dies durchaus und meinten ihr Leben sei sauer genug. Damit spielten sie darauf an, dass ihr Mann dem Alkohol verfallen und der einzige Sohn seit 1968 in Berlin verschollen war. Die meisten im Dorfe kolportierten mit Genuss, dass s'Resle, anfangend mit einem Marmeladen- oder Honigbrot dann gleich ein ganzes Glas davon vertilgte, was sie mit den Worten zu rechtfertigen suchte, »des isch halt mei Art von süßem Leben.«
Auf Grund ihrer Fettsucht oder appos – wie die Ärzte schonend sagen – fiel ihr zwangsläufig auch jede Bewegung schwer. Dies hielt sie nicht davon ab, noch ein Krautland am Rande Heuhofens zu bewirtschaften. Um dorthin zu gelangen, musste sie freilich einen Traktor benutzen, der noch von der Zeit da war, als ihr Mann eine kleine Landwirtschaft umtrieb. So kam es immer wieder zu einem eindrucksvollen Bild, wenn s'Resle durch die Hauptstraße zum Krautland fuhr.
Der Traktorsitz war – schon lange, bevor diese durch die EU normiert waren – für die Fülle der rückwärtigen Partie viel zu klein und der Herr Lehrer, der sie einmal vorbeifahren sah, fühlte sich an Uhlands »Schwäbische Kunde« erinnert und sprach ein später viel zitiertes Wort: »So sah man zur Rechten wie zur Linken ein halbes Resle zur Erde sinken!«
Über anderer Leute Figur zu scherzen ist eigentlich nicht erlaubt, es sei denn, diese stehen selbst darüber. So hätte

s'Resle wahrscheinlich selbst gelacht, wenn sie sich so von hinten gesehen hätte. Dass sie über Selbstironie verfügte, wurde alljährlich am Nikolaustag deutlich, wenn sie im Kostüm eines Bischofs als Nikolaus mit ihrer Freundin Sophie, einer alten, nichtsdestoweniger fröhlichen Jungfer, als Knecht Ruprecht befreundete Familien aufsuchte. So hatte sie – mental ungebrochen – wie man heute sagt, viele Freunde im Dorf. Es gab aber auch böse Stimmen:

»Z'erscht frisst se im Unverstand en sich nei, ond no müsse mir über d'AOK no d'Abspeckkur finanziere«, konnte man im Dorf hören.

Würde man prüfen, ob es den lieben Mitmenschen sympathischer ist, ob es einem gut geht oder schlecht, müssten diese ehrlich zugeben, dass es ihnen am liebsten ist, wenn es einem schlecht geht. So amüsierte sich ganz Heuhofen über s'Resle und ihren trunksüchtigen Mann und niemand machte sich die Mühe, nach den Ursachen ihrer Sucht zu fragen. Wie wohl bei allen Süchtigen war auch beim Resle und ihrem Mann die Ursache, dass sie auch harmlose, unbefriedigende Situationen sofort mit einer Zigarette, einem Löffel Marmelade oder einem Schluck Alkohol erträglich machen wollten.

Die psychologische Seite wird daher bei der verbreitetsten Sucht und ihrer Bekämpfung wohlweislich ausgespart. Was der Gesundheitsminister meint, interessiert weder die Raucher noch die Nichtraucher. Wirksamer wären da wohl Slogans wie »Echte Cowboys rauchen nicht – Erwachsene rauchen nicht!« oder »Sei ein Mann, fang gar nicht an.« Aber womöglich würde das zu Ausfällen bei der Tabaksteuer führen, während die Gesund-

heitskosten ja die Kassen zahlen müssen. Von höchster, geradezu salomonischer Weisheit sind denn auch die Herren von der EU in Brüssel. Sie fördern den Tabakanbau in Europa und bekämpfen zugleich das Rauchen.
Doch so subtil waren die Heuhofener bei ihren Überlegungen nicht und auch s'Resle und ihr Mann machten immer so weiter, bis sich bei Heinz massive gesundheitliche Probleme durch eine Leberzirrhose ergaben – die späte Rache des Körpers bei so vielen Trinkern. Sein Hausarzt, der ihn eigentlich schon aufgegeben hatte, wollte den schon gelb Verfärbten noch ins Krankenhaus in der Kreisstadt bringen lassen, aber er bestand darauf, dass ihm nur noch eine Schafslaus helfen könne. Nach altem Aberglauben, der sich noch immer hält, soll eine lebend geschluckte Schafslaus die Leber zerfurchen und wieder aktivieren. Wie die Laus aus Magen und Darm an die Leber des Patienten kommt, sagt der Aberglaube leider nicht. Um nichts unversucht zu lassen, fuhr s'Resle mit dem Bulldog zu einem Schäfer und kam mit einer lebenden Schafslaus ans Bett ihres Mannes, der sie prompt auch schluckte. Doch die Laus half nicht mehr. Heinz musste doch ins Krankenhaus und starb wenige Tage danach.
s'Resle lebte noch mehr als vier Jahre mit ihren alten Süchten, bis sie einem Schlaganfall erlag. Heuhofen war um ein Original gekommen. Es fragt sich nur, ob den beiden ohne ihre Neigungen ein zufriedenstellenderes Leben beschieden gewesen wäre.

Der Dorfbanker

Von der Mutter, einer Bauerntochter, hatte er die Statur und viele Liegenschaften, vom Vater, einem Obersteuersekretär, das einnehmende Wesen und die Liebe zum Geld. Sein Appetit war gut, doch der Verstand begrenzt. Folglich suchte er einen Beruf, in dem man sich nicht krumm legen muss und Heinzelmännchen dennoch zu schönen Erträgen führen. Mit anderen Worten, er wurde Banker, in der klaren Erkenntnis, dass alle Berufe und Gewerbe unter dem Zins leiden, der Banker aber von ihm profitiert. Unsichtbar, aber mit sichtbaren Ergebnissen, arbeitet der Zins, Tag und Nacht, sonntags und feiertags, wer hat solche Helfer?

Auch wenn unser junger Banker Martin hieß, wäre er nie auf die Idee gekommen, mit einem Bettler seinen Mantel zu teilen, sondern im Falle des Falles hätte er ihm einen Ratensparvertrag verkauft und einen Pfarrer dafür bürgen lassen.

Während sein Vater, wie so viele Steuerbeamte, bei manchen Gesetzen kommunistische Anwandlungen oder, vornehmer gesagt, Anfechtungen bekam – was auch der Karriere seines Vaters nicht förderlich war – hatte Martin mit der privatwirtschaftlichen Gesellschaftsform keinerlei Probleme.

Der große Dichter Goethe hatte schon vor über zweihundert Jahren eine Erkenntnis, die Friedrich Schiller noch würdiger gewesen wäre: »Was Du ererbt von Deinen Vätern hast, erwirb es, um es zu besitzen.« Jawohl, das ist eine Regel, mit der man leben kann, wo käme man denn da hin, wenn jeder 1968 sein Erbe dem Vietkong vermacht hätte oder gar der Kirche, was manche für mindestens genauso schlimm angesehen hätten.

Als »Kuki«, als Kundenkind, gab es kein Problem, ihn trotz mäßigen Abiturs auf der dominierenden Bank in Heuhofen unterzubringen, gab es doch sogar Zeiten, wo gute Hauptschüler oder Absolventen mit Mittlerer Reife in die Tempel des Geldes vordrangen, ohne dass der Zins anders berechnet worden wäre als heute.

Martin beeindruckte schon als Auszubildender seine Umgebung mit flotten Sprüchen, die er stets mit den Worten »Ich als Banker...« einleitete.

Da hieß es denn: »Ich als Banker sage dir, auf de Yen ischt kei Verlass, do kannsch glei Lira kaufe.« Oder auch, durchaus zutreffend: »Ich als Banker sage dir, durch Immobilie wird mer immobil.«

Als Durchblicker war er auch ein großer Gegner des Euro und erzählte in der »Krone« gern, der Euro sei wie ein aus elf Weinsorten gepanschter Wein, die Qualität kann zwangsläufig nicht so gehaltvoll sein wie der stärkste Wein. Damit habe man die Deutsche Mark verhunzt, den einzigen Wert, an den man in Deutschland noch hätte glauben können. Bei diesem heiklen Thema wurde er aber von seinen Vorgesetzten zurückgepfiffen, schließlich habe Bundeskanzler Kohl selbst befohlen, der Euro werde stark, und daran müsse man glauben. Alles andere sei Defätismus, einem Banker nicht würdig.

Bei der Anlageberatung aber ließ man ihn gewähren, obwohl er verhältnismäßig konservativ war und Begriffe wie »high yield« oder »junk bonds« nie in den Mund nahm, schon weil man diese heiße Ware in Heuhofen nicht im Angebot hatte.

Martin vertrat vielmehr eine »bodenständige Aktienkultur«, die da lautete, bei Frauen und bei Aktien müsse man Substanzwerte bevorzugen, bei der Südzuckeraktie könne man sich über die Chancen auf jedem Rübenacker orientieren, und Stuttgarter Hofbräu könne im Grunde von ihren Immobilien leben, darüber hinaus sei es auch ein Hoffnungswert, da das Landgericht Lübeck ein »Volksrecht auf Rausch« verkündet habe und der Trend langfristig wieder zu den klassischen Drogen gehe. Er sei »very bullish« für Stuttgarter Hofbräu.

Am meisten ästimiert wurde der Banker als Sponsor.

Ob den Banken das Sponsoring etwas bringt, lässt sich kaum feststellen, für Kultur und Sport ist es eine Wohltat und im ländlichen Raum unverzichtbar. Von den Bankern wird es als Abgabe an die Kulturmafia landauf, landab akzeptiert.

Ob es ein Rest schlechten Gewissens wegen des nach dem Kirchenrecht noch immer bestehenden kanonischen Zinsverbotes ist oder gar eine kleine Schuldkompensation für die Kreditgewährung an halbe Kinder, nie ist der Banker beliebter als in seiner Funktion als Sponsor. Üblicherweise geschieht das Sponsoring auch ohne Auflagen und manchmal sogar diskret. Martins Bemerkung bei der Übergabe eines Schecks über 300 DM an den VFB Heuhofen: »Jetzt möchte i aber Tore sehen!«, war denn auch ein vielbeachteter Ausrutscher. Ähnlich wirkte sein Widerstand, als er bei einem Vereinsfest die Kasse zählen sollte und sich mit den Worten »Hend ihr dafür kein Geringeren?« widerwillig an die Arbeit machte.

Sehr beliebt war sein gelegentliches Freibiersponsern in der »Krone«, wo er in die große Welt der Hochfinanz einführte: »Goethe hielt die doppelte Buchführung für eine der besten Erfindungen des menschlichen Geistes. Einstein fand das Prinzip von Zins und Zinseszins noch besser, ich aber sage euch, die beste Idee aller Zeiten war die fikitive Quellensteuer. Eine Steuer, die man nicht zahlt, sondern bekommt, vom Staat bekommt.« Da ruckten die Köpfe am Stammtisch zusammen und am nächsten Tag kamen die Zecher, um, wie empfohlen, brasilianische Anleihen zu 10% Zins plus Erstattung von 20% fiktiver Quellensteuer zu erwerben.

Für die Kreditgewährung entwickelte er eine eiserne Regel: Wer ihn nicht grüßte, bekam auch keinen Kredit. Selbst in der Landeshauptstadt fiel seine Kompetenz in der Werbung auf: »Geld regiert die Welt, regieren Sie mit!«, hieß es in der Heuhofener Bank und er sprach gar von »monetärer Demokratie« im Heuhofener Bankwesen. Eine Äußerung, die einem Politiker angemessen wäre, blieb bei einem Mann der Wirtschaft doch etwas rätselhaft.

Keineswegs aber bekam er ein Herz aus Stein wie der Holländermichel in dem schönen Märchen »Das kalte

Herz« von Wilhem Hauff, sondern er hatte, wie viele Geldmenschen, vor allem die Börsianer, ein sehr ausgeprägtes und gutes Verhältnis zum schönen Geschlecht. (Dieser Zusammenhang ist noch wenig erforscht und lässt sich vielleicht als allgemeines Qualitäts- und Umsatzstreben charakterisieren.)
Zur Fortbildung trieb es ihn immer wieder zur Besichtigung von Banken auf der ganzen Welt. Die Banken seien zwar im Wesentlichen überall gleich, aber halt »s' Dromrom«. Jeder siebte Arbeitsplatz auf der Welt lebe vom Tourismus und schließlich müsse man die Arbeitsplätze erhalten, wo man sie noch finde.
Sein »menschlich befriedigendes« Erlebnis hatte er auf nicht monetärem Gebiet. Nach einem Volksfest hatte sich ein normalerweise anderweitig verheiratetes Paar ausgerechnet in den Vorraum seiner Bank zurückgezogen und auf dem Auszugdrucker fernsehreif vergnügt. Was die Liebesleute nicht wussten, war, dass auch im trauten Heuhofen dieser sensible Bereich der Bank durch Videokameras überwacht wird und die Bankbediensteten so zum zweiten Frühstück einen motivierenden Film sehen konnten, dessen Inhalt nicht einmal unter das Bankgeheimnis fiel.

Die byzantinische Hochzeit

Unter den familiären Festen sind Hochzeit und Taufe – möglichst nicht allzu nahe nacheinander – noch immer die schönsten. Bei solchen Kasualien nimmt der Bundesbürger als eine Art »theologischer Partyservice« gerne die Kirche in Anspruch, auch wenn er sie sonst nicht sehr vermisst.

Beide Feste strahlen einen verhaltenen Optimismus aus. Bei Hochzeiten tritt der gesellschaftspolitisch beglükkende Aspekt noch hinzu, dass wieder einmal ein Topf seinen Deckel gefunden hat und die Zahl der Singles – wenigstens vorübergehend – abnimmt. Trotz der vielen Scheidungen sind denn auch nur wenige so zynisch wie manche Anwälte, die angeblich beim Klang der Hochzeitsglocken vorsorglich schon eine Akte für alle Fälle anlegen.

Je ausgehöhlter ein Fest ist – man verfolge dies an Weihnachten – desto größer wird oft der äußere Aufwand. Am liebsten würden alle deutschen Paare heiraten wie die Royals in der Zeit, als diese noch zitierfähig waren und

noch nicht bewiesen hatten, dass es auch bei Königs zugeht wie bei Hempels nebenan.
So wunderte sich zunächst auch niemand in Heuhofen, als bekannt wurde, dass ein nach dem Krieg zugezogener Arzt im Dorf eine grandiose Hochzeit mit einer Masseuse plante, die freilich, wie er, schon einmal geschieden war.
Wie bei allen akademischen Berufen ist das Ansehen der Ärzte in Deutschland im Laufe der Jahre sehr gesunken. Zwar fürchtete man in den sechziger Jahren schon ein akademisches Proletariat, aber noch hielten die Barrieren der Standesorganisationen, und Arbeitslosigkeit bei Ärzten wäre vor dreißig Jahren als wenig reale Gefahr angesehen worden.
Unser Eheaspirant, den wir Dr. Klöner nennen wollen, hatte denn in Heuhofen auch eine gesicherte Monopolstellung, zumal jeder, der kein Auto hatte, zu ihm kommen musste. Auch war er mit der Krankmeldung, dem »gelben Urlaubsschein«, nicht allzu pingelig und konnte über Jahrzehnte so stilbildend sein, wie man es von einem Mediziner bis vor kurzem noch überall verlangen konnte. Er war Vorsitzender des Tennisvereins, baute zweimal, obwohl er nicht nur einmal Anlagebetrügern aufgesessen war, und heiratete auch zweimal, nun eben die Masseuse aus dem Dorf, deren Therapie die seine immer so gut ergänzt hatte.
Beider Devise war eben nicht »einmal neidappt langt«, sondern sie wollten ihrer Umgebung beweisen, dass ein zweites Glück auch mit 50 möglich sei. Schön waren die Abende, bei denen sie ihre Hochzeit planten. Ganz in weiß war Ehrensache, ganz in weiß mit einer vier Meter

langen Schleppe, das war das wenigste. Drei Buben und drei Mädchen aus der Grundschule in hellblau und rosa als Schleppenträger aufzutreiben, war nicht schwierig. Weitere vier Grundschülerinnen als Blumenwerferinnen vom Hochzeitshaus bis zur Kirche ebenfalls kein Problem. Aber die Kirche. Eine vorsichtige indirekte Anfrage beim katholischen Pfarrer ergab, dass bei allem Verständnis eine Zweitehe geschiedener Katholiken den Segen der Kirche nicht erhalten könne. Guter Rat war nun wahrlich teuer, denn die Brautleute entschieden sich – man gönnt sich ja sonst nichts – einen Popen aus Bulgarien einzufliegen, um wenigstens im orthodoxen Stil der Ostkirche heiraten zu können.
Mit der Lufthansa schon im Geschäft, durfte diese für die Hochzeit in der Gemeindehalle gleich das Catering übernehmen, was bei Ignoranten der gehobenen Lebensart im Flecken zu der Behauptung führte, man habe sogar das Katzenfutter einfliegen lassen.
Es gab ein Fest der Superlative. Ein Hairstylist, der aus Baden-Baden beigezogen war, frisierte Frau Doktor im Laufe des Tages nicht weniger als dreimal. Auch der Pope gab sich alle Mühe und beim anschließenden Festmahl war alles zufrieden. Selbst der katholische Pfarrer, der eingeladen war, ließ sich den Spaß nicht nehmen, hielt aber einen gewissen Abstand zum Popen, was diesen nicht schmerzte, weil er vom Tische des Herrn Dr. Klöner nicht nur die Brosamen zu sich nahm und damit voll beschäftigt war.
So schwätzte und schmatzte alles fröhlich vor sich hin, wie man das ja so kennt. Plötzlich geschah es. Die frischgebackene Frau Doktor schrie auf und wurde bleich vor

Schmerz. Der Bräutigam überhörte den fragenden Zuruf »Gift?« und diagnostizierte mit klarer und fester Stimme »Gallenkolik«. Schnell trug er sie zu seinem Daimler, um sie im Krankenhaus versorgen zu lassen.

Unruhe entstand in der Festversammlung und man war sich nur einig in der Zufriedenheit, dass man mit Essen und Trinken schon fast fertig war.

Die Ansichten in Heuhofen waren geteilt. Alle Nichteingeladenen und die protestantischen Teilnehmer der Hochzeit waren sich sicher, man müsse die Gallenkolik der Braut als eine Art Gottesurteil für die Hoffart und den Dünkel des Arztehepaares ansehen.

Einige ältere Frauen und Männer outeten sich dabei als letzte Gegner des zweiten vatikanischen Konzils, das so manches Altvertraute im Gottesdienst beseitigt hatte. Sie meinten, der byzantinische Ritus sei fast so schön gewesen wie früher die Messe.

Eine schwierige Aufgabe hatte der Berichterstatter der Heimatzeitung, der am Festessen teilgenommen hatte. Nach langem Überlegen betitelte er seinen Beitrag schließlich: Überwältigende Hochzeit im byzantinischen Rhythmus!

Der Josef vom Schwarzwald

In jedem Dorf hat es »sotte und sotte« und auch in Heuhofen war die Zeit lange vorbei, als die Bevölkerung im Wesentlichen aus drei, vier untereinander verschwägerten Familien bestand und die Übrigen mehr oder weniger wohlwollend geduldet waren.
Hatten schon die Bombenevakuierten im Krieg für unerwünschte Einquartierungen gesorgt, so war es richtig schlimm dann nach dem Krieg geworden, als rund ein Viertel des Wohnraumes für Flüchtlinge und Heimatvertriebene bereitgestellt werden musste.
Daneben hatte es, wie überall, schon eine gewisse Fluktuation gegeben, wenn junge Heuhofener in die Stadt gingen oder, von Amors Pfeilen getroffen, in anderen Gemeinden sich auskurierten.
Umgekehrt wurde auch immer wieder nach Heuhofen eingeheiratet, sprach doch schon die Oberamtsbeschreibung aus dem 19. Jahrhundert von den schönen Heuhoferinnen.
Auf diesem Wege war auch unser Josef in das schöne

Heuhofen gekommen. Er stammte aus einer alten Hausierergemeinde im Umkreis und hoffte, in Heuhofen sesshaft werden zu können, hatte doch seine Frau eine stattliche Landwirtschaft und war auch persönlich »einwandfrei«, was selbst die Stammtische, die diese »Landnahme« in Heuhofen nicht begrüßten, bestätigten.

Aber Josef war nicht der Typ, der im Märzen die Rösslein einspannt: War es draußen schön, hatte er wenig Lust, morgens um fünf schon Grünfutter zu holen und danach zu melken.

Es gibt so viele Männer, die nicht am Fleck arbeiten können, und aus denen sich das Gros der Verkaufsfahrer, Fernfahrer und Vertreter rekrutiert. Hinter jeder Kurve wittern sie das Glück und ruinieren doch nur sich selbst und ihre Familien, sofern sie überhaupt noch eine haben.

So ging es mit der Landwirtschaft seiner Melanie rasch bergab, die Hypothekenzinsen wurden nicht mehr erbracht und es kam wie es kommen musste: Das Anwesen wurde zwangsversteigert, vergantet, wie es früher hieß.

Es wurde furchtbar. Melanie, die es nicht ertrug, vom Hof der Eltern gehen zu müssen, kam nach Schussenried in die Psychiatrie und Josef zog in die zwei Stübchen des so genannten Armenhauses in der Spitalgasse von Heuhofen, das seit Jahrhunderten soziale Problemfälle aufnahm.

Zum Glück hatte ein Heuhofener aus dem so genannten Dorfadel in einem Häuschen, der Besenfabrik, wie es hieß, die Herstellung von Besen aufgenommen. Josef wurde Vertriebschef, das heißt, er brachte die Besen an den Mann und vor allem an die Frau, indem er mit seiner Ware »auf d' Reis« im ganzen Land ging.

Aus seiner Zeit als Landwirt hatte er noch seinen Flocki, eine Promenadenmischung, der ihm treu ergeben war und ihn bei seinen Touren begleitete. Herr und Hund waren bald weithin bekannt, leider aber auch im Amtsgericht der Kreisstadt. Josef brauchte halt so allerlei, von dem er den Eindruck hatte, dass andere es nicht so dringend brauchten, weshalb er die Eigentumsverhältnisse oft durch einen schnellen Griff zu seinen Gunsten korrigierte. Einmal war es eine Uhr, die ihm praktisch entgegenhüpfte, einmal auch kurioserweise ein silberner Kerzenhalter und ein andermal auch ein großer Schinken, der ihn in die Justizakten eingehen ließ.
Wegen jeder dieser Taten stand er vor Gericht und Josef und sogar sein Hund hatten sich im Amtsgericht schon ein justizförmiges Auftreten angewöhnt, wie es die Richter und Staatsanwälte gern haben. Sie gaben sich sehr korrekt und höflich und selbst Flocki schien zu wissen, um was es geht, wenn seinem Herrn die vielen einschlägigen Vorstrafen vorgehalten wurden.
Bei seinem fünfzigsten Auftreten am Amtsgericht, der Verhandlung wegen des Schinkens, hatte sich Josef etwas Besonderes ausgedacht. Auf die Frage des Richters, ob er den Schinken gestohlen habe, antwortete der Josef mit Pathos: »Oh Schwarzwald, oh Heimat, wie schön ist dein Speck, und dann kam der Josef und schon war er weg.« Mehr sagte er nicht. Der Richter dachte kurz nach und meinte dann: »Ein Geständnis kann auch gereimt sein, so weit wären wir.« Schwieriger war die Frage, ob noch Mundraub oder schon Diebstahl vorlag. Der Gerichtsreferendar musste rasch im Kommentar nachschauen und kam mit der Botschaft zurück, das Landgericht Kiel habe

den Diebstahl von drei Salamiwürsten noch als Mundraub durchgelassen. »Was die können, können wir schon lange«, meinte der Amtsrichter, und es blieb bei Mundraub.

Nicht immer ging es so glimpflich ab – wegen des unbarmherzigen Rückfallmechanismus: zweimal musste Josef sogar in den Vollzug nach Singen; in diesen so genannten Hundevollzug durfte er sogar seinen Flocki mitnehmen. Wenn es um Hunde geht, wird sogar die Justiz manchmal menschlich.

In den Vollzugszeiten des Vertriebschefs der Heuhofener Besenfabrik warteten seine Kunden vergeblich auf den »Josef vom Schwarzwald«, wie man ihn überall nannte. Immer mehr hatte er sich auf den Süden des Landes spezialisiert, war er doch im protestantischen Norden bisweilen angeherrscht worden, er solle etwas »Rechtes schaffen«, »a gsunder Mann« brauche nicht hausieren zu gehen, wobei die strengen Bewohner um Stuttgart übersahen, dass man »auf der Reis« gerade eine gute Gesundheit und »zähe Kuttel« brauchte.

Nachdem heute selbst bei Zigarettenlädchen vom Marketing und Vertriebskonzeptionen gesprochen wird, soll auch das Geheimnis von Josefs Verkaufsstrategie gelüftet werden. Sein Basisgedanke war, dass man beim Hausierhandel mit Frauen als Kunden besser schaffe als mit Männern. Damit begnügte sich der Josef freilich nicht, sondern bezog auch religiöse Sitten in seine Unternehmensphilosophie ein. So stellte er sich am ersten Freitag eines Monats, dem Herz Jesu-Freitag, mit seinen Besen und Bürsten in den hinteren Teil katholischer Kirchen und sang mit seiner schönen Stimme die vertrauten Lieder mit. Die frommen Frauen, die dort waren, erweichten dann ihr Herz für den frommen Josef und kauften ihm meistens nicht wenig ab. Wer das schimpflich findet, der sei daran erinnert, dass ein späterer französischer König mit den Worten »Paris ist eine Messe wert« sogar die Konfession wechselte um König von Frankreich zu werden.

Selbst seine kreativen Pausen vermochte Josef durch den künstlerischen Einsatz von Flocki finanziell zu nutzen. In der Mittagspause kehrte er gern in eine Dorfwirtschaft ein, vesperte, trank ein Bier und auch für Flocki gab es Wasser und Wurst.

Nun gehört es zu den Eigentümlichkeiten der deutschen Wirtschaften, dass immer Männer Zeit haben, dort herumzusitzen – Schichtarbeiter, Kranke, Invaliden oder auch in zunehmendem Maße Arbeitslose. Mit diesem Publikum wettete dann Josef um ein Weizenbier, dass Flocki das berühmte »Kufsteinlied« bellen könne. Dieses Lied, das Deutschland und Tirol emotional so eng zusammenschweißt, ohne dass es gleich als »faschistisch« bezeichnet werden kann, gehörte vor der Zeit von »Modern Talking« und den »Spicegirls« zum eisernen Bestand der Musikboxen, nicht nur in Bahnhofswirtschaften.

Josef stieß zunächst auf großes Misstrauen, braucht man für das »Kufsteinlied« doch eine schöne, kräftige Stimme und Flocki sah nicht gerade aus wie ein Startenor. Schließlich kam die Wette aber meist zustande, obwohl ein Weizenbier fast überall schon über 4 DM kostete.

Flocki, der das Spiel schon kannte, fing prompt an zu bellen, als sein Herr das berühmte Lied intonierte. Josef sang, Flocki bellte, »Schiebung« wurde gerufen, aber ir-

gendwie ging es doch immer gut und Josef erhielt sein Weizen, um das es ja auch gegangen war.
So schlugen sich Josef und Flocki durchs Leben und es war die Frage, wer es von beiden besser hatte. Alt geworden reisten sie nur noch im nahen Umkreis, gewissermaßen »oms Haus rom«.
Von »übergelaufenen Schinken« und Ähnlichem abgesehen, hatten sie niemandem »auf der Reis« geschadet und allein durch ihr Erscheinen Menschen erheitert und Freude bereitet, was man von vielen hohen und höchsten Herrn nicht gerade sagen kann. Man fragt sich, ob der Begriff »sozial schwach« nicht den Falschen bezeichnet.

Ein Bett im Kornfeld

Wer fernsieht, könnte meinen, die Deutschen seien ein hübsches Volk von 20- bis 30-Jährigen, das vor Lebensfreude überschäumt und sich im Wesentlichen mit Sport, Spiel und nicht zuletzt Parties beschäftigt. Auch die Großstädte halten ihre Prachtstraßen »rein«, selbst wenn sie die Bettler polizeilich von der Straße weisen müssen. Der Anblick des Elends dämpft die Kauflust, und der Konsum scheint die letzte Aufgabe des westlichen Menschen zu werden, auch wenn er noch nicht offiziell zu den Staatszielen gehört. Der Vorteil des Konsumzwanges ist, dass nach dem ehernen Lohngesetz von Karl Napf den Massen stets genügend Geld gegeben werden muss, um ausreichend zu konsumieren.
Die Dörfer im ländlichen Raum, wie in unserem lieben Heuhofen, kennen dagegen keine Ghettos und haben eine soziologisch viel farbigere Palette an Einwohnern, und die Mühseligen und Beladenen gehören auch dazu, ohne förmlich diskriminiert zu werden.
Eine Heuhofener Bürgerin besonderer Art war Lydia. Sie

stammte nicht »aus der kalten Heimat« oder »dem großen Vaterland«, wie man den nicht wenigen Vertriebenen nachgesagt hatte, sondern hatte einen »untadeligen Geburtsort«, nämlich Geislingen an der Steige. Ihr Elternhaus war ein Bahnwärterhaus auf der Albhöhe zwischen Geislingen und Ulm. So war sie im Grunde »vo der Alb ra«, worüber man in Stuttgart manchmal die Nase rümpft und dabei verkennt, dass die Herkunft vom Härtsfeld oder dem Heuberg eine gewisse Zähigkeit und Belastbarkeit vermuten lässt.

In Lydias Elternhaus, dem Bahnwärterhäusle, war es recht eng und dumpf zugegangen. Die Eltern teilten sich mit drei Kindern die Behausung, die heute nur noch als Wochenendsitz geschätzt wird. Das Elternpaar lebte in einer wenig fröhlichen Ehe zusammen, die durch die wechselseitige physische Anziehungskraft aber stabil war.

Lydia war gerade mit der Volksschule fertig, als ihr Vater in die Nähe von Heuhofen versetzt wurde. Mit den verbliebenen zwei Kindern – Lydias älterer Bruder war auf der Alb geblieben und Steinbrucharbeiter geworden – bezog die Familie wieder ein Häusle an der Bahn.

Lydia ging nun »in Stellung«, das heißt, sie wurde Hausgehilfin, Küchenhilfe und Ersatzbedienung im Gasthof »Kaiser« in der benachbarten Kreisstadt, nur drei Kilometer von Heuhofen entfernt.

Fleißig, munter und anspruchslos, wie sie war, kam sie mit den Wirtsleuten und Gästen gut zurecht, mit dem Wirt etwas zu gut, weshalb die eifersüchtige Wirtin für ihre Kündigung sorgte und ihr wenig Gutes nachsagte.

Schon hatte der Krieg angefangen und das Leben aller

überschattet. Lydia, die auf niemanden Rücksicht nehmen musste, meldete sich als Wehrmachtshelferin und zog mit der Armee ohne Skrupel nach Russland, war sie durch die NS-Propaganda, wie fast alle Soldaten der Meinung, die Deutschen müssten sich Lebensraum im Osten sichern und der Führer werde schon wissen, was er tue. So lange es voranging, hielt die Begeisterung auch an.

In Russland hatte Lydia kurze und sehr prosaische Liebschaften, aber dafür viele.

Jeder Krieg führt zur Enthemmung der Teilnehmer und ihres Umfeldes. Mit der Tötungshemmung fallen alle anderen. Noch jedes Heer hatte Frauen im Gefolge, die »genetisch nicht so wählerisch waren« und schlussendlich viele Vergewaltigungen verhinderten. Lydia ging später so weit zu behaupten, »in Russland drin« sei ihre beste Zeit gewesen. Von 1943 an hieß es aber ständig »rückwärts, rückwärts«. Über Österreich kam sie dann wieder in das Gebiet des »Altreichs« und landete schließlich in einem großen amerikanischen Gefangenenlager bei Tuttlingen. Die Verpflegung wurde besser und damit nach einer militärischen Regel auch die Bewegung. Ihre freilich durch drei Jahre Russland etwas ramponierte Schönheit fiel auch den amerikanischen Wachmannschaften auf und es gab hier und da die von der amerikanischen Regierung so verpönten Fraternisierungen. Auf einem amerikanischen LKW gelangte sie schließlich wieder in die Region und tauchte im Frühjahr 1947 in Heuhofen auf. Die Eltern waren gestorben und hatten außer etwas Hausrat, der auf dem Müll gelandet war, nichts hinterlassen. Ihr Kontakt zum Bruder auf der Alb war abgerissen. Seit seinem Einsatz bei den Fallschirmjägern auf

Kreta hatte sie nichts mehr von ihm gehört und sie nahm an, dass er, wie so viele, inzwischen bei der »Großen Armee« der Toten war. Von ihrer Schwester hieß es, sie sei nach Berlin dienstverpflichtet gewesen und dann verschollen.

So war Lydia ganz auf sich allein gestellt, was ihr nicht schwer fiel. Sie arbeitete auf der Post und wuchtete Pakete in die Wagen. Ihr Lebensunterhalt war gesichert und ihre etwas ordinäre, reifer gewordene Schönheit fiel immer noch auf. Nicht nur bei den französischen Soldaten, die der Wehrmacht in der Kaserne des benachbarten Städtchens gefolgt waren, sondern auch bei Herren, die in der Erotik auf das Wesentliche ausgerichtet waren, wie dem älteren Leiter des Eichamtes.

Ihren französischen Freunden gewährte sie mangels Liebeslaube auch mal ein Schäferstündchen im Kornfeld, und beim Blick auf den nächtlichen Himmel hoffte sie, dass von den vielen Sternen einer auch ihr guter Stern sei. Als solcher kam der Leiter des Eichamtes für ihre reifen Jahre durchaus in Betracht. Er war finanziell und auch sonst recht gut gepolstert und nahm es nur beim Eichen sehr genau. Oft rief er Lydia mitten in der Nacht an, und diese war berechnend und gutmütig genug, sich dann auf ihr altes NSU Quickly zu schwingen und als erotische Ambulanz – ohne Martinshorn – zu ihm zu fahren. So wurde Lydia älter, aber nicht spürbar kälter und empfand die »offene Zweierbeziehung« mit dem Eichbeamten als durchaus angenehm.

Im Lauf der Jahre – auch bei der Post hatte sie jetzt einen leichteren Job – wollte sie sich auch privat etwas mehr Komfort gönnen. Mit dem »Eicher«, wie sie ihn nannte,

zusammen leben ging nicht wegen der Leut', die schon genug schwätzten, aber der Eicher zog wenigstens nach Heuhofen, wo er in finsterer Nacht seine Geliebte besuchte. Vorsichtig näherte er sich ihrer Behausung immer vom Garten und über den hinteren Eingang. Als Lydias Hauswirt einmal den Gartenzaun reparierte, kam es zu einem Disput zwischen ihm und seiner Mieterin, als diese ihm vorhielt, ein großes Loch müsse unbedingt im Zaum bleiben, weil sonst ihr Verlobter nicht mehr hereinkönne. »Davon steht nichts im Mietvertrag«, entfuhr es dem Eigentümer, der im Übrigen froh war, aus seiner verlotterten Immobilie überhaupt noch Einnahmen zu erzielen. Als Lydia ihn dann aber mit großen Augen und breitem Lächeln anflehte, er werde doch nicht so sein, war er denn auch nicht so, und Lydia und ihrem Eichbeamten blieb das Kornfeld erspart.
Und wenn sie nicht gestorben sind, leben sie noch heute.

Die Kinder fechten's besser aus

Ihr Anwesen stand in der Hafnerstraße in Heuhofen. Ein unvergipster Wohnteil an der Straße über dem ehemaligen Kuhstall, an den noch ein halb gemauertes, halb hölzernes Geviert und die schon stark verrostete Güllepumpe erinnerte.

Nach hinten eine Scheuer mit Schweinestall und am Haus angelehnt eine verwaiste Hundehütte. Spärliches landwirtschaftliches Inventar lag und stand im Hof zwischen Scheuer und Wohnhaus herum. Dem ganzen Szenario sah man nicht an, dass man sich in Heuhofen am Ende des 20. Jahrhunderts befand. Rings herum begann man, gestützt auf die Mittel der Dorfentwicklung, die Baulichkeiten und Anlagen zu verbessern, nur »Heimerdingers Hütte« blieb wie ein schwarzer Zahn in der Reihe der Häuser an der Hafnerstraße stehen. Es fehlte das Geld. Es fehlte das Geld zum Nötigsten, da kam es auf das Aussehen des Häusles nicht an.

Dieses Gebäude, Hafnerstraße 4, war Maria Josefa Heimerdinger, geborene Armbruster, durch eine Erbschaft zugefallen. Sie hatte ihre Kindheit und Jugend in der Pulverdinger Mühle in einfachen, aber ordentlichen Verhältnissen zugebracht und ihr Elend hatte erst begonnen, als sie von Karlheinz, der zugewandert war, nach einer fröhlichen Kirbe mit 19 schwanger wurde. Ihre Eltern und vor allem sie selbst hatten allerdings erhebliche Bedenken gegen Karlheinz. Im Sommer arbeitete er als Straßenwärter und im Winter als Waldarbeiter, wovon noch niemand reich geworden ist. Aber er war doch ein stabiles Mannsbild, dem man etwas aufladen konnte und von dem man doch hoffen konnte, dass er die entstehende Familie über Wasser halten könne. Zwar hatte Maria am Anfang doch auch an Abtreibung gedacht oder daran, das Kind »ledig« zu haben, aber so »fortgeschritten« war man weder in der Pulverdinger Mühle noch in Heuhofen, wo die Kirche Sitte und Brauchtum noch immer stark beeinflusste.

Just in diese Zeit fiel auch die Erbschaft in der Hafnerstraße und das Paar zog in die freie Behausung in Heuhofen.

Karlheinz war jetzt Ökonom, Grund- und Hausbesitzer, was ihm sehr gut tat. Weniger stolz war er auf Rosa, ihr erstes Kind, das er im Wesentlichen als störende Geräuschquelle und ehelichen Störenfried ansah und zur Wartung gern seiner Frau überließ. Er selbst stammte aus dem Schönbuch, war sogar in Tübingen geboren, worauf er sehr stolz war. Freilich war seine Mutter nur in die »Gebärfabrik« nach Tübingen gekommen, weil Karlheinz als frühes Zeichen seiner Sperrigkeit als Steißgeburt auf die Welt kommen wollte. Die Hebamme zog die Notbremse und brachte die schon schwer erschöpfte Mutter in die Frauenklinik.

In der Lehre in Böblingen machte sich Karlheinz nicht gut, erquickte sich aber zum Ausgleich seines Frustes gar gern und oft mit Bier und Most. So kam beruflich nichts Rechtes zustande und irgendwann nahm er Quartier in der Pulverdinger Mühle und sicherte seine Existenz durch die Eheschließung mit einer tapferen Frau, was schon manchen labilen Mann gerettet hat.
Für ein normales bürgerliches Paar ist die grüne Hochzeit der Ausgangspunkt der familiären und materiellen Entwicklung. Nicht aber bei den Heimerdingers. Hier war die Hochzeit vielmehr der Höhepunkt, und von nun an ging's bergab. Der ungewohnte Wohlstand wurde Karlheinz bald zuviel. Hausbesitzer, Bauer und Straßenwart, das sollte machen wer will. Kam er vom mit etlichen Bierpausen versehenen Straßendienst zurück, hatte er wenig Lust seiner Frau aufs Feld zu folgen und trollte sich zum Stammtisch in den »Adler«, wo er sein schlechtes Gewissen mit Bier betäubte, bis sich jener dumpf zufriedene Zustand einstellte, bei dem das einzige Problem ist, ungestreift nach Hause zu kommen.
So hieß es bald im Flecken, der Karlheinz hätte seine Landwirtschaft an seine Frau verpachtet, damit er mehr Zeit für den »Adler« habe. Waren spendable Gäste im »Adler«, lief der Stammgast manchmal noch zu großer Form auf und rezitierte patriotische Gedichte aus seiner Schulzeit über den Feldmarschall Blücher: »Die Heere blieben am Rheine stehen, soll man hinein nach Frankreich gehen?« oder »Der Trompeter von Mars-la-Tour«.
Mit schwerer Zunge, aber um so eindrucksvoller hieß es beim Vortrag der »Rösser von Gravelotte«: »Der blutbespritzte Schimmel trat ins Glied«, und mancher Gast er-

schauerte und staunte zugleich über die fehlerlose Gedächtnisleistung des schon sichtlich abbauenden Mannes.

Als Zugabe kam es dann oft zum Vortrag des »Postillions« von Lenau, einer recht sentimentalen Geschichte, die aus der Hechinger Gegend bekannt war und zum poetischen Höhepunkt des Abends wurde. Betrunkene Männer werden auch heute noch sentimental, zur Zeit Lenaus durften sie es aber auch im nüchternen Zustand noch sein.

So hatte Karlheinz noch immer seine seelischen Erhebungen, umso schlechter ging es aber Frau und den inzwischen drei Kindern.

Putzen, waschen, flicken, kochen und auf den Acker gehen, das war das trostlose Leben der armen Maria, dem sie nur am Sonntag für kurze Zeit in der Kirche entfloh. Das Schicksal von Maria Josefa und ihren Kindern fiel am Ende des 20. Jahrhunderts vor allem deshalb so auf, weil es hundert Jahre früher noch sehr häufig solche Männer gegeben hatte, inzwischen aber die sozialen Verhältnisse sich auch in Heuhofen stabilisiert hatten. Das Schlimmste war die Geldnot. Zu einem Rausch für den Vater reichte es immer noch, aber Hosen für die Buben? Da hieß es dann: »Verkauf doch einen Acker.« Der Haushalt der Heimerdingers war an Ärmlichkeit nicht zu unterbieten und doch spielten darin zwei Buben und ein kleines Mädchen mit Holzabfällen als Spielzeug und einer abgerissenen »Puppa« und wirkten recht munter und zufrieden. Maria Josefa aber wurde immer verhärmter und klagte oft: »Überall goht's nore, bloß bei os net! Vor lauter schaffe kommt mer no drüber naus!«

Selbstverständlich hatten sie keinen Fernseher. Die Glitzerwelt des Überflüssigen hätte sie wohl aufgebracht und geärgert, galt ihr Leben, vom Schaffen für die Familie abgesehen, nur der Deckung der elementaren Bedürfnisse des Essens, Trinkens, Kleidens und Schlafens. Alle drei Kinder waren denn auch keine Wunschkinder.
Rainer Maria Rilke, der bei den russischen Bauern »den inneren Glanz der Armut« entdeckte, hätte an diesem Haushalt keine Freude gehabt. Seltsam genug hing über einer zerkratzten Kommode mit drei Füßen und einem Stoß Bierdeckel als viertem Fuß ein kleines Andachtsbild vom heiligen Franziskus zur Erinnerung an Marias erste Heilige Kommunion mit dem Spruch: »Armut umgebe Dein Leben wahrer Güte.« Doch der Verzicht der Heimerdingers war keine freiwillige Bescheidenheit, sodass die Weisheit, die einer Nonne angemessen wäre, hier sehr bitter wirkte.
Erfreulich war, dass die Kinder trotz des Elends gut gediehen, ohne Playmobil, Designerkleidung und all die Produkte, die ein Kind einfach haben muss.
Das materielle Elend und die psychischen Spannungen zwischen den Eltern führten immer wieder zu heftigen Streitigkeiten, die die Mutter sehr erschöpften. »Am schönsten ist es, wenn der Papa seinen Rausch ausschläft«, meinte die kleine Rosa einmal bezeichnend.
Eine harte Kindheit kann Kinder zerbrechen oder eine lebenslange Bürde sein.
Sie kann aber, wie jede harte Schule, auch eine große Kraft sein und Probleme richtig einordnen lassen.
So wurden zum Erstaunen der Heuhofener alle drei Kinder der Heimerdingers »etwas Rechtes«. Ein Bub ging

aufs Rathaus, einer zur Volksbank, und Rosa ging zunächst nach Stuttgart in Stellung, wo sie es gut traf und sogar das Abitur nachholen durfte.
Mit dem Auszug von Rosa aus der Hafnerstraße aber verlor ihre Mutter den letzten Halt. Schon seit langem zu Depressionen neigend, irrte sie in tiefer Verzweiflung über die Felder und stürzte sich schließlich in den Neckar. Das ganze Dorf nahm demonstrativ an der Beerdigung teil.
Karlheinz aber fing sich rasch. Er nahm eine zweimal Geschiedene auf, die mit Oma und zwei Kindern in die Hafnerstraße zog, und sein Leben ging mehr oder weniger weiter wie bisher.

Der Abtrünnige

Ethnische Durchmischung ist genetische Mischung und von daher ein großer Vorteil für die Entwicklung einer Region. Sie erfolgt aber selten freiwillig, sondern meist als Folge kriegerischer Auseinandersetzungen.
Die große Invasion kam für Württemberg seit den Waldensern erst nach dem Zweiten Weltkrieg, als Millionen Heimatvertriebene und Flüchtlinge ins Land kamen und außer einer großen Mangelsituation – volkswirtschaftlich »Nachfrage« genannt – nur ihre Arbeitskraft und eben die anderen Gene mitbrachten.
Damals war auch eine so genannte Kriegerwitwe mit ihrem dreijährigen Sohn Eberhard nach Heuhofen gekommen. Der Mann war an der Memel beim Rückzug aus Russland »gefallen«, wie man damals noch sagte, und außer ein paar Fotos und einer Rente für die »Hinterbliebenen« war wenig von ihm geblieben. In jenen Zeiten war ein menschliches Schicksal nicht viel mehr als eine Aktennotiz wert, und wenn die deutsche Literatur in einer wohl noch fernen Zeit nach starken Stoffen sucht,

wird man in der Kriegs- und Nachkriegszeit dramatische Szenen, ja Epen finden können, die alle Selbstverwirklichungs- und Beziehungsprobleme der 80er- und 90er-Jahre sehr blass aussehen lassen werden.
Schwieriger als über so eine Zeit zu schreiben ist es noch immer, in solch einer Zeit zu leben. Ruth Roser, die Mutter des kleinen Eberhard, tat sich sehr schwer. Im Souterrain eines Hauses hatten sie eine Eineinhalb-Zimmer-Wohnung zugewiesen bekommen, sogar heizbar, aber zwangsläufig ohne Heizmaterial. Zentralheizung – selbstverständlicher Standard seit den 70er-Jahren – gab es nicht einmal auf dem Rathaus. Deshalb hieß es immer wieder, im Walde Holz und zugleich Beeren, Pilze, Bucheckern, die klassischen Naturalien des Waldes, zu sammeln.
Zum Glück bekam Ruth eine Arbeit, heute würde man sagen einen Job, als Handschuhnäherin in einer kleinen Fabrik, die Anfang der 50er-Jahre, wie so mancher Nachkriegsbetrieb, wieder einging. Eberhard ging schon in den Kindergarten, wo er, wie alle Flüchtlingskinder, durch die Sprache auffiel. Bis zum Eintritt in die Volksschule, dem Ende der Freiheit und dem Beginn des Pflichtlebens für jedes Kind, beherrschte er das Schwäbische und fiel nur noch durch seine etwas improvisierte Kleidung auf. Wie viele Kinder aus benachteiligtem Milieu war er zwecks Kompensation ein fleißiger Schüler auf der Volksschule und auch auf dem Progymnasium der Kreisstadt. Was man sich heute kaum noch vorstellen kann, ist, dass die »Mittlere Reife« in den 50er-Jahren eine sehr hohe Bildungsstufe war und z. B. entlang der Bahnlinie Stuttgart-Rottweil 1950 nicht eine einzige Stadt ein

Gymnasium aufwies, sondern die heute selten gewordenen Progymnasien die Regel waren.
Ruth Roser hatte bei den guten Schulerfolgen ihres Sohnes schon gehofft, er würde einmal studieren und etwas »Besseres« werden, willigte dann aber doch ein, als Eberhard, wie auch seine besten Freunde, in den gehobenen Verwaltungsdienst eintraten. »Vom ersten Tag an Geld«, meinte Eberhard, »und überhaupt, man kann es auch als Beamter zu etwas bringen, wenn man fleißig ist«. Das war er und intelligent dazu. Rasch wechselte er nach der sehr guten Inspektorenprüfung in ein Stuttgarter Ministerium, wo es noch »Zucht und Ordnung« gab, waren doch die höheren Chargen fast alle von ehemaligen Offizieren der Wehrmacht besetzt, und da und dort war auch ein höherer SS-Mann dazwischen, wie es damals nicht nur bei den Ministerien vorkam. Der Geist der Duldsamkeit, der nach der Landesverfassung in den Schulen wehen soll, war noch sehr fern und entfaltete sich erst in den 70er- und 80er-Jahren um so stärker.
Die gesellschaftlichen Formierungen, von denen Ludwig Erhard geträumt hatte, lösten sich mehr und mehr auf. Immer mehr Menschen machten, was sie wollten und nicht mehr, was man von ihnen erwartete und sahen sich sogar durch die Verfassung bei der Entfaltung ihrer Persönlichkeit bestätigt.
Die Verwaltungsbeamten waren fast mehr noch als die persönlichkeitsfördernde unabhängige Richterschaft ein Hort der Beständigkeit, doch auch dieser begann sich aufzulösen. Freche Hemden und freche Krawatten wurden zum Symbol des »Gesinnungsverfalles«.
Eberhard war damals ein typischer überkompensieren-

der Aufsteiger. Dennoch trafen ihn selbst im Ministerium noch Pfeile von Gott Amor, und er heiratete. Doch Eberhards so mühsam errungener bürgerlicher Status brach zum Entsetzen vor allem seiner Mutter schon bald zusammen.

Was war geschehen? Eberhard war Oberamtsrat, mit Eigentumswohnung und Ehefrau etabliert, als ihn die gefürchtete »Midlife-Crisis« mit Gewalt packte. »War das schon alles?«, meinte er nicht nur im Ministerium, wo er die Arbeit fast zu gut im Griff hatte und sich nicht mehr gefordert fühlte. »War das schon alles?«, dachte er abends daheim, als das Eheleben schon vom Fernsehen geprägt war und Gewissheit bestand, dass sie sich Kinder nicht erhoffen durften. Noch zwanzig Jahre ins Ministerium, morgens rein, abends raus, Recht haben, ohne Recht zu behalten, unterste Stufe einer 8-stufigen Hierarchie, die letztlich nur das politisch am leichtesten Durchsetzbare anstrebt? Und abends vespern, fernsehen, schlafen, einmal in der Woche Bowling? Drei Wochen Urlaub und dann wieder der gleiche zähe Alltagsbrei?

Adorno kannte Eberhard als guter Beamter nicht, sonst hätte er dessen These »es gibt kein richtiges Leben im falschen« begeistert zugestimmt. Solche Krisen kennt zwar fast jeder Mann, bei Eberhard aber war fatal, dass er merkte, sein ganzes bisheriges Leben in der Rolle des »braven Buben« geführt zu haben, während er sich jetzt vorgaukelte, eigentlich ein Macho und Rambo zugleich zu sein.

Seine Ehe mit einer Kollegin des mittleren Dienstes wurde bald geschieden. Er zog aus der ehelichen Wohnung aus, die mühselig finanziert und möbliert worden war.

Obwohl er jetzt manchmal mit dickem Kopf im Amt erschien, konnte er sich als versierter Oberamtsrat im Dienst noch gut halten, zumal er auf Spezialgebieten, auf denen sich auch seine Vorgesetzten nicht auskannten, perfekte Kenntnisse hatte.
Manchmal überzog er das Ziehen von Viertele und fehlte am nächsten Tag.
Ganz schlimm wurde es, als er, um mit Professor Higgins zu sprechen, ein Weib an sich heranließ, das freilich keine »Fair Lady« war.
Seine Besuche bei der Mutter hatte er nach der Scheidung eingestellt und vielleicht war es auch besser, dass seine Mutter von ihm nichts hörte, obwohl die Sorge ihr schon Seelenpein genug brachte.
Eberhard drehte auf, um nicht zu sagen durch. Eine neue Wohnung musste her, ein neuer BMW und dazu Urlaubsflüge an aller Herren und Damen Strände. Als Beamter auf Lebenszeit genoss er viel Kredit, freilich nicht bei seinen Vorgesetzten.
Der große Einschnitt in seinem Leben war die 40er-Feier seines Jahrganges in der »Krone« von Heuhofen.
Seine neue Gefährtin stellte er vorsorglich seiner alten Mutter gar nicht erst vor und schlug alle Ermahnungen seiner Freunde, wieder auf »den Teppich« zu kommen aus. Sein »blondes Gift« war zwar die große Attraktion im Saal, aber die überwiegende Mehrheit der »Gattinnen« war der Ansicht, der Eberhard habe »einen Schuss«, und das könne doch nichts werden. »Bleib in Heuhofen und nähre dich redlich«, war die allgemeine Meinung im Saal. Genervt zog der Abtrünnige dann schon gegen elf mit seiner Tatjana ab. An der Saaltür drehte er sich um,

sah sich die Gesellschaft noch einmal an und verschwand mit den Worten »Wenn ich Eure Weiber sehe, weiß ich, dass ich Recht hab!«

Das halbseidene Milieu wurde dem ehemaligen Staatsbeamten zum Metier, was wahrlich ungewöhnlich ist. Was schon seine Begleiterin, seine Rolex und sein Jaguar ahnen ließen, trat ein: der brave Heuhofener Flüchtlingsbub war Zuhälter geworden. In der vitalsten Großstadt Württembergs, in Heilbronn mit seiner kleinen, aber unfeinen Rotlichtszene. Hier fand er jedoch bald seinen Meister, einen albanischen Kollegen, der weniger Skrupel hatte als der einst am Rechtsstaat geschulte Beamte und der Fäuste und Messer gezielter einsetzte.

Übel lädiert zog er sich als »Imker ohne Bienen« nach Mallorca zurück und leckte seine Wunden.

Als Mittvierziger zwar noch recht ansehnlich, war er aber für die dortige Szene doch schon viel zu alt. Bei Spaziergängen auf der doch eigentlich sehr schönen Insel traf er eine Dame aus dem Rheinland, die auch nur so vor sich hinging.

Wieder einmal funkte es. Seinen Freunden blieb seine Wirkung beim anderen Geschlecht immer ein Rätsel, aber es waren wohl seine noch immer strahlenden blauen Augen, das Grübchen und seine geschickte Konversation, die die ersten Kontakte schufen. Es stellte sich heraus, dass sie Witwe eines Fabrikanten aus Moers war, und er war ja auch so eine Art Witwer. Der blaue Himmel, das blaue Meer und Eberhards blaue Augen fügten sich zu einem Akkord, dem Evi, so hieß die rheinische Witwe, nicht gewachsen war. Schön wie ein Roman fing ihre Liebe an. Eberhard wusste, dass dies seine letzte

Chance war, einigermaßen wohlbehalten bis zum Altersheim durchzuhalten, zog alle Register und setzte seine auf den so unterschiedlichen Feldern geschulte Liebes- und Lebenskunst erfolgreich bei Evi ein.

Moers ist besser als Mors, wie sein einstiger Lehrer in fernen Tagen im Lateinunterricht im Progymnasium gekalauert hatte und damit sagen wollte, selbst sein ferner Heimatort Moers sei besser als der Tod.

Da Evi bei aller Liberalität im Denken und Labilität im Handeln doch in nicht befallenen Teilen ihrer Seele noch katholisch war, heirateten die beiden sogar noch, aber nicht nur wegen der Leute, sondern weil es nicht schaden konnte und auch wegen der Steuer besser war.

Und so liebten und lebten sie beide bis in ihr hohes Alter. Schon in den Siebzigern stehend, fuhr Eberhard einmal heimlich mit seiner Frau durch Heuhofen, suchte vergeblich das Grab der Mutter und meinte beim Anblick von Kirche und Rathaus an der Ecke zur »Krone«, die jetzt eine Pizzeria war, zu Evi: »Schon auch schön, aber halt sehr anders.«

Ein ganz normaler Übermensch

Die Deutschen, einst wegen ihres Fanatismus gefürchtet, sind nach fünfzig Jahren Demokratie vielleicht noch fanatisch im Urlaub machen oder als Kilometerfresser auf der Autobahn, im Übrigen aber eher »soft« und »light« orientiert. So hat das »dolce far niente« auch ein »deutsche far niente« vielerorts hervorgebracht. Ein solches Volk tut sich natürlich auch mit der Religion schwer, sofern diese mehr als die Zahlung von Kirchensteuer verlangt. »Ich sterbe ja nur einmal, und dafür so viel Steuer zahlen«, ist eine bezeichnende Formulierung dieser Gläubigen, auch in Heuhofen. Der Trend geht heute eben zur verbraucherfreundlichen, pflegeleichten Religion, die sich auf die Events Taufe, Hochzeit, Beerdigung beschränken darf. Gesucht werden dementsprechend Dogmatiker der »Wellness-Theologie«, wie es sie im Fernsehen schon gibt.
Andererseits führt das Studium der Theologie noch immer in eine Beamtenlaufbahn – im Gegensatz zu anderen Ländern – und es zeigen sich entsprechend oft, wie bei

Verwaltungsbeamten, im Lauf der Zeit die gleichen Mängel. Etwa nach dem Muster: »Ich predige schon dreißig Jahre das Gleiche, und dennoch kommen immer weniger Besucher in den Gottesdienst.« Manchen sind die Verwaltungsgeschäfte und »protokollarischen Termine« sogar ganz recht geworden, hindern sie doch die Pfarrer, sich um grundsätzliche Fragen der Theologie zu kümmern. So sagte man von einem Heuhofener evangelischen Pfarrer, er sei immer zur Stelle, wenn er nicht gebraucht werde, womit man auf dessen stete Präsenz bei Festen und Veranstaltungen aller Art anspielte. Hinter diesem Verhalten mag auch ein gewisser Selbstschutz stecken, gilt Spöttern doch das Studium der evangelischen Theologie als sicherster Weg zum Atheismus.
Gleichwohl gibt es bei den großen christlichen Konfessionen noch immer junge Männer, und in der evangelischen Kirche auch Frauen, die aus innerer Berufung Pfarrer werden wollen. Auch dieser viel zu seltene moderne Nachwuchs ist religiös wohl temperiert.
Das altwürttembergische Milieu, das in Heuhofen noch in vielen Familien vor allem des »Ortsadels« spürbar ist sowie die Fruchtbarkeit der Pfarrerfamilien sorgen noch immer dafür, dass das Tübinger Stift nicht leer bleibt und die Kirche weitergeht. So wird in manchen Pfarrerfamilien die Frustration vererbt, und zwar nicht genetisch, sondern durch immer wieder sich bestätigende Erfahrungen zwischen Ideal und Wirklichkeit. Für nicht wenige evangelische Pfarrer zeigt sich diese Diskrepanz auch in ihrer Ehe und Familie, sodass es leider nur wenige zufrieden wirkende alte Pfarrer gibt.
Etwas besser hat es da der junge katholische Theologie-

student. Am leichtesten hat er es noch, wenn er aus einem der katholischen Gebiete in »Neuwürttemberg«, also den vormals vorderösterreichischen Gebieten, oder aus der Ellwanger Gegend kommt. Hier erlebt er oft noch einen recht kraftvollen Katholizismus, der auch im Alltag noch wahrgenommen werden kann. Sein Wunsch Priester zu werden, führt in diesem katholischen Milieu nicht zu einer Außenseiterrolle wie in der Diaspora, sondern sichert ihm und seiner elterlichen Familie eine besondere Wertschätzung.

Diese wird dann noch deutlicher, wenn der junge Student nach Tübingen in das Wilhelmstift kommt, ein Bollwerk des Bistums Rottenburg-Stuttgart im »heidnischen« Tübingen. Hier wird, abgeschirmt von Diskotheken und Drogenhandel, dem jungen Theologen seine positive Sonderstellung sehr bewusst gemacht. Mögen die Außenwände des mächtigen Baus von Sprayern noch so beschmiert werden, im Innern hat die heile Welt zu herrschen. Und mit den zurückgehenden Bewerberzahlen steigt die Verwöhnung des Nachwuchses.

Theologische und menschliche Probleme gibt es auch hier, doch im Kosmos der katholischen Lehre gibt es für alle einen Stern, auf dem sie sich einrichten können. Die menschlichen Probleme, nun ja, die vergehen halt auch wieder. Für alles gibt es Surrogate, wie Zigaretten, Wein, gutes Essen – und halb im Spaß, halb im Ernst – wird immer wieder der Erzbischof von Canterbury zitiert, der gesagt haben soll, wegen eines Vergnügens, das, wie ihm zuverlässig berichtet worden sei, nur wenige Sekunden dauere, wolle er sein Seelenheil nicht aufs Spiel setzen. Nun ja.

Ist die sorgfältige theologische Ausbildung durchlaufen, darf der »Herr Vikar« in den Gemeinden etwas schnuppern. Ohne ihrer Abgründe schon ganz bewusst zu werden, hat der Vikar doch wegen seiner nur zeitweisen Zugehörigkeit zur Gemeinde noch einen Ausbildungsbonus, was die Kenntnis der Nachtseiten im Gemeindeleben angeht.

Furchtbar kann es dann nach der Primiz in einer Gemeinde wie Heuhofen werden. Oft gab es zuvor noch eine längere Vakanz, und mit hochgespannten Erwartungen nähert sich die Gemeinde dem jungen Pfarrer und dieser sich ihr.

Je edler im Gemüt und Intellekt, je menschenfreundlicher solch ein junger Pfarrer ist, umso schwieriger kann es für ihn werden, wird er doch auf Schritt und Tritt beobachtet und nicht wenigen Fehldeutungen ausgesetzt.

Das beginnt bei seiner »Hausere«, die mindestens vierzig Jahre älter sein sollte. Beim Pfarrer selbst ist hingegen wichtig, dass er möglichst »etwas gleich sieht« und nicht bloß »so a Mole isch«. Weiß man um die optische Wirkung von Menschen, erscheint das auch legitim.

Sehr wichtig ist natürlich das Auftreten des Pfarrers in der Kirche: ob er die Messe, wie sein alter Vorgänger, nur noch mehr oder weniger herableiert oder gut und für jeden verständlich predigt. Ganz wichtig ist auch seine Einstellung zur Laienarbeit in der Kirche, den Diakonen und allen übrigen Helfern in der Gemeinde und nicht zuletzt dem Kirchengemeinderat. Hier lauert große Gefahr. Nicht jeder bzw. jede Deutsche kann ein Staatsamt haben, aber jeder im Lande hat gern etwas zu sagen und eines dieser unpolitischen Foren in jedem Dorf ist neben dem

Elternbeirat auch der Kirchengemeinderat. Nicht jeder Kirchengemeinderat sieht seinen Auftrag in der Unterstützung des Pfarrers, schließlich ist er ein demokratisch gewähltes Organ!

Hier gibt es immer wieder dominante Männer und Frauen, die den jungen Pfarrer auf den rechten Weg bringen wollen. Zwar nicht in theologischen Fragen, aber z. B. in Renovierungsfragen des Pfarrhauses, Personalfragen und ähnlichem. Der Klügere – das ist in der Regel der Pfarrer – gibt dann regelmäßig nach, was in politischen Gremien auch häufig vorkommen soll: An dem unbefriedigenden Stand der Dinge auf der Welt hat der Erfinder des Satzes »Der Klügere gibt nach« ein gerüttelt Maß an Schuld.

Noch selten sind Fälle von »Amtsanmaßung« durch resolute Rätinnen und Räte, aber bezeichnend ist die Geschichte einer Hausfrau und machtbewussten Kirchengemeinderätin in Heuhofen, die auf die Nachricht vom Tode ihres Nachbarn sofort in die Kirche raste und die Totenglocke läutete, ohne den Pfarrer überhaupt zu informieren.

Ein junger Pfarrer ist selten der Typ des »Festochsen«, aber man erwartet selbstverständlich, dass er sich auch bei den nichtkirchlichen Festen der Vereine um die Gemeinde kümmert und sich wenigstens sehen lässt. Dabei soll er leutselig sein, für jeden ein Wort haben und den infamen Versuchen derer tapfer widerstehen, deren größte Freude es wäre, wenn er ein Glas zuviel trinken würde.

Je untadeliger so ein Pfarrer, sei er katholisch oder evangelisch, desto mehr wird sich auch bei ihm die alte These Friedrich Schillers bewahrheiten: »Es liebt die Welt, das

Strahlende zu schwärzen.« Einfach gesagt, handeln diese Versucher nach dem Motto: Ich bin zwar selbst ein Lump, aber der Pfarrer kann sich auch nicht beherrschen. Eine Logik, die nicht jeder versteht, aber die oft praktiziert wird, reicht doch vielen Menschen der Schaden eines Mitmenschen als Nutzen völlig aus. Jeder Schritt des Pfarrers aus dem Haus ist für manche schon ein potenzielles Klatschthema oder Medienereignis. Setzt sich beim ländlichen Reitturnier eine Dorfschöne neben ihn, kommt sofort der Pressevertreter, macht ein Bildle und zitiert die offene, aber ungeschickte Antwort des Pfarrers auf die Journalistenfrage, wer ihm da zugelaufen sei, das wisse er auch nicht, ein Pferd wäre ihm aber an sich lieber gewesen.

Noch unerquicklicher, aber nicht ganz auf Diakone und Religionslehrer abschiebbar, ist der Religionsunterricht. Der Unterricht an deutschen Schulen ist schon für viele dafür ausgebildete Lehrer eine Zumutung, geradezu verwerflich ist es aber, junge Theologen ohne pädagogische und psychologische Ausbildung an diese »Front« zu schicken. Erschütternd sind demnach vor allem am Anfang die Unterrichtserfahrungen der Seelsorger, wie die des katholischen Pfarrers an der Heuhofener Grundschule. »Des Sch...lied wolle mir net singe, emmer des Sch...lied«, das ist wahrhaft ein schwieriges Publikum, was sagt man zu so einer wählerischen Schülerin, »malen wollen sie auch nicht, die wollen eigentlich gar nichts«, berichtete der junge Pfarrer von seiner pädagogischen Feuertaufe.

Wie so mancher Mann hat solch ein gestresster Pfarrer nach Feierabend das Verlangen, ein Bier zu trinken. Aber

wo? Trinkt er es daheim vor dem Fernseher, heißt es, er ergebe sich dem stillen Suff, jede Woche würden zwei Kästen Bier ins Pfarrhaus getragen. Geht er in die »Krone«, kommt sofort das Gerücht auf, er komme nur, weil die resche Bedienung so ein kurzes Röckle anhabe.
So sollte der Pfarrer für die Gemeinde ein ganz normaler Übermensch sein, ein Typus, der heute nicht mehr so recht gedeihen will, und wenn man Freud und Leid des jungen Dorfpfarrers nicht nur in Heuhofen kennt, kann man gut verstehen, dass dieser dem Motorradclub des Dorfes beitritt, um wenigstens ab und zu seiner Gemeinde mit Vollgas zu entfliehen, die böse Welt hinter sich zu lassen und dem Regenbogen entgegen zu fahren.

Hermann

Hermann hieß er nach dem berühmten Cheruskerfürsten, der die Römer so nachhaltig geschlagen hatte, dass die Schlacht im Teutoburger Wald (wo sie nach neueren Erkenntnissen gar nicht stattgefunden hat) im Jahre 9 n. Chr. noch heute einen Ehrenplatz in deutschen Geschichtsbüchern hat. Wie wir sehen werden, hatten das Militär und der Krieg auch für unseren Hermann aus Heuhofen eine fatale Bedeutung.

Doch zunächst war der 1920 geborene Sohn einer alten Heuhofener Schreinerfamilie ein Kind wie jedes andere. Vor dem greulichen Sägen in der Werkstatt des Vaters flüchtete er gern in den Schoß der Oma und hielt sich die Ohren zu. War es ruhig, spielte er gern mit Sägespänen oder kommandierte im Hühnergarten die Hühner, die sich aber nicht sehr beeindrucken ließen. Das Leben der Hühner ist, wie Tierforscher feststellten, schon an sich der reine Terror und gewissermaßen Darwinismus hoch drei, sodass das Hermännle eine vergleichsweise harmlose Störung für sie gewesen sein muss.

Die Schreiner gelten zu Recht traditionell als der Intelligenzberuf unter den Handwerkern, doch haben die Heizungsbauer und Installateure inzwischen gleichgezogen, während die Lackierer und Frisöre in der Evolution ihres Berufes nicht recht vorankommen. So heißt es denn auch mit Fug, »wie der Schreiner kann's keiner«. Viele Abiturienten werden daher heute Schreiner, was dem Lehramt an deutschen Schulen oder der Trübsal eines Finanzamtes sicher vorzuziehen ist.
Hermann war ein heller Kopf und fiel in der Volksschule als Gscheidle auf und er war trotz seiner eher zarten Konstitution sehr sportlich. Sein Vater war wie der Großvater den Deutschnationalen zuzurechnen gewesen und 1933 eines der ersten NSDAP-Mitglieder in Heuhofen gewesen. Wie viele Deutsche glaubte er nach den schwierigen Weimarer Jahren, es müsse endlich vorwärts gehen, und dies gehe nur mit Hitler und der NSDAP. Heute weiß man's anders und besser, aber man muss dazu wissen, dass Vater Gernot, wie die meisten Parteigenossen in Heuhofen, Volksschüler war und eine rechtsstaatliche Schulung und Praxis nie erlebt hatte. Nach dem Krieg sagte er als alter Mann immer noch zu seiner Verteidigung: »Woher hätt mer au wisse solle, worauf des nauslauft, bei der SA ischt emmer der Lehrer ond der Tierarzt vorne draus marschiert, wenn's die net gwusst hen, woher hens no mir Kloine wisse solle?« Dazu muss man rückblickend sagen, dass beispielsweise 80% der deutschen Ärzte und auch 80% der evangelischen Pfarrer in Franken NSDAP-Mitglieder waren. Entschuldigen tut dies nichts, aber es kann einiges erklären.
So erklärt sich, dass unser Hermann »wehrhaft« erzogen

wurde. Gerne sah er sich in großen Alben Schlachten aus dem Ersten Weltkrieg an, stellte gar mit seinen Freunden Zinnsoldaten auf und bekämpfte sie mit dem Spatzengewehr.

An nationalen und nationalsozialistischen Impulsen fehlte es damals nicht, und – was uns heute unvorstellbar ist – allein die Tatsache, dass einer Deutscher war, führte bei vielen zu einem Komplex der Überlegenheit, ja fast zu einer Sonderform des Daseins. Schon Kaiser Wilhelm II. hatte gemeint, am deutschen Wesen müsse die Welt genesen. Die Folge war der Erste Weltkrieg.

In Literatur und Zeitungen fehlte es nicht an nationalen Eiferern, und manchen selbstgerechten Enkel und Urenkel in den 70er- und 80er-Jahren dürfte nur die Gnade der späten Geburt vor dem Radikalismus der damaligen Zeit bewahrt haben. Doch jede Generation hat ihr spezifisches Schicksal und Weltbild und keine kommt ganz ungeschoren davon.

Für Hermann wurde die Zeit zum Verhängnis. »Völkisch« gesinnt, wie sein Elternhaus war, kam er nach ein paar Klassen auf der Oberschule auf eine so genannte »Napola«, eine nationalsozialistische Erziehungsanstalt, wo wenig Fakten gelehrt, aber viel mythologische Nebel gebraut wurden, die Schüler sich an Windhunden (schnell), an Leder (zäh) und an Kruppstahl (hart) zu orientieren hatten, was in der Bildungsgeschichte Europas allenfalls in Sparta vorgekommen sein dürfte und mit der Tradition des christlichen Abendlandes überhaupt nichts zu tun hatte.

Hermanns frühere Spielkameraden gingen dann nach dem bewährten Motto, »mer muss net überall dabei gweah sei« weiter auf die »bürgerliche« Schule, die freilich auch »infiziert« war.

Für Hermann aber nahm das Verhängnis seinen Lauf. 1938 gewann er einen reichsweiten Wettbewerb für Nachwuchslyriker mit seinem Gedicht »Der deutsche Soldat«, einem extrem patriotischen Gedicht, das den deutschen Soldaten an Windhunden, Leder und Kruppstahl maß.

Vor Nationalismus trunken meldete er sich freiwillig zur Waffen-SS und durfte gleich beim Einfall in Polen, dem so genannten Polenfeldzug, mitmarschieren. Am zweiten Tag war der Krieg für ihn schon zu Ende. Im ersten Gefecht war er auf das Kommando »Sprung auf, marsch, marsch!« zum Sturmlauf angetreten, als er von der Garbe eines Maschinengewehres erfasst wurde und an Kopf und Körper verwundet liegen blieb, während seine Kameraden voranstürmten.

Von Sanitätern geborgen, lag er über Jahre in Lazaretten und genas äußerst langsam, wobei er beim Anblick der Korbmenschen und schwer verbrannter Panzersoldaten meinte, es hätte noch viel schlimmer kommen können. Sein einziger Trost wurde die Literatur. Von außen drangen immer schlechtere Nachrichten in die Lazarette der Heimat und lösten bei den Schwerverwundeten manche zusätzliche Sorge aus. Bei Hermann begann ein langsamer aber langer Besinnungsprozess. »Leiden läutert« und die Lektüre war dabei sehr hilfreich, steckte ihm eine Krankenschwester doch neben christlicher Literatur auch unverfängliche Bücher von Stifter, Eichendorff, Brentano und anderen Autoren zu, die für ein ganz anderes Deutschland standen. Hermann fand einen Aus-

weg aus seinem qualvollen Leben in die Welt der Literatur, die für ihn wahrlich lebensnotwendig wurde.
Adalbert Stifter war für ihn ein großes Erlebnis. Die Beschreibung des »sanften Gesetzes« in der Vorrede zu den sechs Erzählungen »Bunte Steine« wurde für ihn zur Offenbarung. Nicht der Windhund, das Leder und der Kruppstahl waren die richtigen Werte, sondern beispielsweise der Wind, der durch ein Ährenfeld streicht, kann wichtiger sein als das größte Ereignis. Nach dem Krieg stellte er freilich fest, dass Stifters »sanftes Gesetz« selten zur Anwendung kam und auch das Neue Testament wenig Anhänger in der Praxis Westdeutschlands hatte. Man faselte nicht mehr von Windhunden und Leder und Kruppstahl, aber »clever« sein und »Catch-as-catch-can« gingen doch auch in diese Richtung.
Es war eine Ironie des Schicksals. Hermann, bei Kriegsbeginn fanatischer Soldat, war am Ende des Krieges geläutert, Pazifist und körperlich gebrochen. Als körperlich und seelisch Geschundener kehrte er nach Heuhofen zurück und war froh als 100 % Kriegsbeschädigter eine Arbeit als Aufseher der Juristischen Bibliothek der nahen Universitätsstadt zu bekommen, wo der Unibetrieb langsam wieder in Gang kam.
Hermann war ein Krüppel, hatte aber, wie man so sagte, eine gute Versorgung. Er konnte wieder sprechen, wenn auch sehr mühsam, und aus dem linken Mundwinkel drang meist ein dünner Speichelfaden, sodass die meisten Studenten, und vor allem die wenigen Studentinnen, rasch an ihm vorbeigingen, ohne sich auf eine kleine Unterhaltung einzulassen, die ihm so wichtig war.
In ruhigen Zeiten, die es an deutschen Universitäten aus-

reichend gibt, las er viel und schrieb Leserbriefe an den »Spiegel«. Montags war daher oft eine fast triumphale Stimmung am Aufsichtstisch, wenn ein Brief von Hermann, meist ein moralisches Traktätlein, gedruckt worden war. Die Leserbriefe im »Spiegel« waren ihm Ersatz für so manches nicht Erreichte in der Bildung. Mit den Napola-Thesen konnte er nichts mehr anfangen und merkte jetzt umso deutlicher, was ihm vorgespiegelt worden und von ihm willig geglaubt worden war.

Die Einsendungen von Hermann wiesen auch nach Meinung seiner wenigen Fans unter den Studenten Dunkelheiten auf. Dies ist aber nicht nur in Tübingen eine gute geisteswissenschaftliche Tradition und selbst Heraklit, der größte Philosoph der Antike, wurde der »Dunkle« genannt. Wer sich klar ausdrückt, hat zumindest in Deutschland wenig Chancen, geachtet zu werden, während Dunkelheiten bei manchen das Ansehen erhöhen.

Seine Verwundungen bereiteten dem armen Invaliden noch immer furchtbare Qualen wie allen Hirnverletzten, vor allem im Sommer. »Nach Dienst« in der Bibliothek fiel er oft fast in sich zusammen. Dennoch fand sich eine ältere Krankenschwester mit zwei Kindern bereit, ihn zu heiraten. Die Ehe wurde sehr problematisch, aber wenigstens hatte Hermann zu Hause eine gewisse Betreuung. So ist eben alles relativ, und der Ehehimmel hat gar viele Etagen.

Ein Mensch wie Hermann, der ständig Schmerzen hat, neigt wohl immer zur Sucht und so wurde unser tapferer Seminaraufseher auch vom Nikotin abhängig, was vor allem für seelisch Angeschlagene oft ein kleiner Halt für ein paar Minuten ist.

Der ehemalige Napola-Schüler und Waffen-SS-Mann war, geläutert an Körper und Seele, auch politisch, wie seine Leserbriefe im »Spiegel« bewiesen, sogar ein besonders wertorientierter Demokrat.
Kleine Höhepunkte bildeten für ihn immer Einladungen zu »Bürgerkneipen« der Tübinger Verbindungen. Hermann fertigte für jede Einladung ein besonderes Gedicht, das er dann mit viel sprachlicher Mühe unter großem Beifall der Verbindungsstudenten vortrug. »Bierlein rinn«, hieß dann für Stunden die Devise, und er trank – gegen jeden ärztlichen Rat – wacker mit.
Erst gegen Mitternacht – bei hohem Bierpegel – brach die Seele des kranken Mannes auf, wenn alles sang »Jetzt gang i durchs Wiesetal na« und mit dem allgemeinen Schluchzen des Refrains »i hau ja kei Schätzele meh« alles in einer tief männlichen Verzweiflung unterging. Einem alkoholischen Nirwana, das von reichlich Bier, Resten der Burschenherrlichkeit und großer Sehnsucht nach den Evastöchtern gekennzeichnet war.
Eine reizvolle Aufgabe für Volkskundler bzw. empirische Kulturwissenschaftler – was aber eigentlich dasselbe ist – wäre es, einen Koeffizienten zu ermitteln, der den Anteil von weiblichen Studentinnen und den Bierverbrauch der männlichen Kommilitonen ausweist. Es ist zu vermuten, dass sich abzeichnen würde, dass der Bierverbrauch umso höher ist, je weniger Frauen an der Universität sind und umgekehrt, was beweisen würde, dass die Summe der Versuchungen eines Menschen doch konstant ist.
Doch zurück zu Hermann. Mit vorrückendem Alter verschlechterte sich sein Befinden weiter. Manchmal blitzte

noch sein Humor auf, wenn er Studenten mit »Avanti dilettanti« zur Ordnung rief, aber der Kampf ums Dasein stellte sich für ihn jeden Tag von neuem mit unerbittlicher Härte, an der andere längst zerbrochen wären.
Seinem Leiden begegnete er mit eiserner Moral, der »Geist« halte ihn am Leben, sagte er zu seinen wenigen Freunden. Auch die Bibliotheksbesucher bekamen seine strengen Auffassungen zu spüren. Faulheit oder gar Schummeln von Studenten tolerierte er nicht und war voll Spott gegen solch eine Elite. Wer wichtige Kommentare oder Lehrbücher durch Verstecken in der Bibliothek für sich reservierte, bekam eine gehörige Standpauke, was ihm nicht wenige Feinde einbrachte.
Noch war die Zeit, da der Bundesgerichtshof den Geschlechtsverkehr selbst zwischen Verlobten als Unzucht bezeichnete. Es wirkte aber schon damals als etwas überspannt, als Hermann einen Examinierten, der ans Amtsgericht Ludwigsburg als Referendar ging, mit der Frage verabschiedete: »Was wollen denn Sie in diesem Mätressenhauptquartier?« So war er halt.
Schließlich erlöste ihn der Tod durch einen Infarkt.
Nur eine sehr kleine Trauergemeinde stand am Grab des Mannes, der in Heuhofen schon fast vergessen war und für einen kurzen Wahn ein Leben lang büßen musste. Aber verwöhnt worden war er nie.

Auch einer

»Zufällig naht man sich, man fühlt und bleibt, und nach und nach wird man verbunden«, so schildert Altmeister Goethe, was in Hollywood unter »boy meets girl« hinreichend erklärt wird.
Auch im Computer- und Internet-Zeitalter kommt es noch immer zu Romanzen, wobei die virtuelle Freundin oder gar der virtuelle Ehebruch aus alteuropäischer Sicht doch eine erotische Magerkost darstellen. »Life is life«, heißt daher für die meisten noch immer die Devise, und auch der amour fou, der rasche Schuss von Gott Amor kommt noch immer vor. Beispielsweise bei einer Studentin und einem Studenten an der Verwaltungs- und Wirtschaftsakademie in Stuttgart, die sich nach ihrem harten Tagesgeschäft dort zum Betriebswirt fortbildeten.
Die Betriebswirtschaft steht als Universitätsfach nicht überall in hohem Ansehen, und böse Zungen behaupten, die Betriebswirte erkenne man von weitem an ihrem Golf GTI auf dem Uniparkplatz. Große Snobs – vor allem Juristen – weisen gar darauf hin, dass kultivierte Völker,

wie die Franzosen, dieses Fach gar nicht als Unifach kennen und die Erkenntnisse der Betriebswirtschaft dort schlicht unter Finanzbuchhaltung laufen. Für den akademischen Dünkel wird es immer neue Ansätze geben, richtig aber ist, dass die Betriebswirtschaft heute wohl in der Praxis die unbarmherzigste und meistangewandte Lehre ist.

Durch den Zwang der Kosten wird gar mancher geistige Höhenflieger wieder auf den Boden geholt. Da nimmt es fast Wunder, dass auch Kandidaten der Betriebswirtschaft sich heftig verlieben können und Gefühle entwickeln, die ganz dem »situativen Ansatz«, aber durchaus nicht ökonomischen Prinzipien entsprechen.

So war es auch bei Margarete und ihrem Karlheinz.

Sie kam aus dem Schwarzwald und Karlheinz war Heuhofener aus einer Familie, die sich schon vor der Reformation in Heuhofen nachweisen ließ. Margarete entsprach, auch wenn sie den berüchtigten Bollenhut nicht trug, der klassischen Erscheinung der Schwarzwälderin, die man auf den Nenner bringen könnte: »schwarzbraun ist die Haselnuss«. Karlheinz war etwas untersetzt und robust, während seine Margarete eher zart war. Beiden gemeinsam war eine äußerst harte Jugend in sozial gefestigten, aber sehr armen Verhältnissen. Margaretes Vater war 1945 fristlos entlassen worden, weil er als Polizist das NS-Regime allzu willfährig unterstützt hatte und sich gegenüber Juden, Gefangenen und Kommunisten gewaltsam und unmenschlich benommen hatte. Margarete erzählte ihren Kindern später oft von dieser Zeit, als sich die Familie nicht zuletzt aus dem Wald ernähren musste, was ihr jetzt recht unwirklich vorkam, aber so

war es gewesen. An ihren Vater dachte sie seither mit gemischten Gefühlen zurück.
Auch Karlheinz hatte wegen seines Vaters zu leiden, der noch relativ jung seinen Beruf als Bäcker aufgeben musste, weil ihm als chronischem Raucher schon früh beide Beine amputiert wurden. Die fünfköpfige Familie musste von einer kargen Rente leben, was zu einer ständig gedrückten Stimmung führte, zumal die Mutter durch den eigenen Haushalt mit dem ständig pflegebedürftigen Mann und dem vielen Putzengehen überfordert war.
So wussten die beiden, was sie aneinander hatten, und die Verwaltungs- und Wirtschaftsakademie wurde nicht nur zu ihrem privaten, sondern auch zum beruflichen Glück. Karlheinz wurde Kaufmann in einer großen Fleischfirma am Rande Stuttgarts, die er von Heuhofen aus erreichen konnte, und Margarete fand eine Stelle in der Kreisstadt in einem größeren Betrieb.
Während sich heute Singles oft Jahrzehnte beriechen und dann vielleicht, weil sie sich zu gut kennen, doch nicht heiraten, hielten sich die beiden an den überlieferten Grundsatz »jung gefreit hat niemand gereut« und zogen in Karlheinz' elterliches Haus in Heuhofen, das nach dem Tod der Eltern nur von seinen beiden noch ledigen Schwestern bewohnt war. Bescheiden war ihr Haushalt. Lange wurde sogar auf ein Fernsehgerät verzichtet, aber sie hatten, beide katholisch geprägt, sogar einen kleinen Hausaltar.
Das franziskanische Denken ist in den fetten Jahren Westdeutschlands nicht sehr populär gewesen, wenn man vom Habitus der Blue Jeans absieht. Die Frage Sekt oder Selters wurde schon früh mit Sekt und in den 90er-Jahren

mit Champagner beantwortet. Für manche war der heilige Franz ein besserer Tierstimmenimitator, andere sahen in ihm den ersten Grünen.
Margarete und Karlheinz, an ein frugales Leben gewöhnt, waren allen Ernstes der Meinung, sie hätten mehr Geld als sie brauchten, selbst als Margarete nach der Geburt von Zwillingen, Anton und Josef, daheim blieb.
Dieses Problem gibt es an sich in vielen Familien, aber normalerweise löst man die quälende Situation fast automatisch durch die Erhöhung der Ausgaben. Nicht so aber Margarete und Karlheinz, die nicht einmal alle drei Jahre ein Auto kauften. Der ökonomisch ausgewiesene Leser merkt gleich, dass man mit solchen Menschen keinen Staat machen kann, und wahrscheinlich wird es darauf hinauslaufen, dass der Konsum zur letzten und einzigen Bürgerpflicht wird. Daraus erwächst aber auch Trost, weil man ihm dann, wie auch immer, Kohle geben muss, um ihn konsumfähig zu erhalten.
Durch dieses fast schon sittenwidrige Verhalten wirkten unsere Eheleute wie weiße Raben in Heuhofen.
Als Karlheinz' Mutter nach einem schweren Autounfall wochenlang im Koma lag, traf Karlheinz eine Entscheidung, wie sie heute sehr selten geworden ist, im Mittelalter aber recht häufig vorkam: In der Marienkapelle außerhalb Heuhofens, von der man einen weiten Ausblick hatte bis zur Alb, gelobte er Gott, Diakon zu werden, wenn seine Mutter mit dem Leben davon käme und wieder gesund würde.
Zwei Tage danach wachte sie auf, und Karlheinz begann mit der harten und dornenvollen Ausbildung zum Diakon. Nach des Tages Arbeit begann wieder, wie bei der

Verwaltungs- und Wirtschaftsakademie, bis tief in die Nacht das Studium. Karlheinz hatte, wie man im Schwäbischen sagt, »eine zähe Kuttel«, und wenn andere müde ihr Feierabendbier tranken, war er noch belastbar. Wie viele erfolgreiche Männer war auch er Kurzschläfer und kam mit vier, fünf Stunden Schlaf zurecht. Vor allem hatte er in Margarete eine liebe Frau, die seine Beweggründe verstand und ihm den Rücken frei hielt. Bei bedeutenden Persönlichkeiten wird dies z. B. bei Ordensverleihungen durch einen Blumenstrauß (ab 20 DM) abgegolten, während der Herr Gemahl das »Blechle« bekommt. Umgekehrt wäre es oft angebrachter.

Nach sieben für sich und seine Familie entbehrungsreichen Jahren war er am Ziel und wurde in Ellwangen zum Diakon geweiht.

Vor ihm lagen Jahrzehnte fruchtbarer Arbeit im Hauptberuf, das Glück in der Familie, immer wieder auch die Genugtuung, einem Menschen geholfen zu haben, aber auch viele Enttäuschungen im kirchlich-sozialen Bereich. Allzu gut darf es ja einem praktizierenden Christen hierzulande auch nicht gehen. Ein »Gutmensch« nach Art der großen politischen Pharisäer in Bonn und Berlin wurde er nie, vielen kam er etwas seltsam vor, und doch nannte man ihn im hohen Alter, ohne freilich an Brecht zu denken, den »guten Menschen von Heuhofen«.

Lucky, der Lover

Sittenlosigkeit, oder wie man heute sagen würde, ein erotisch erfülltes Leben war über Jahrhunderte, um nicht zu sagen Jahrtausende, auf der ganzen Welt ein Privileg der Aristokratie, aber in einer interessanten sozialen Symmetrie auch des Proletariats.

Zu den auffälligsten Ergebnissen der Demokratisierung gehört, dass seit den 60er-Jahren auch in der Erotik langsam und dann immer schneller die »Demokratisierung der Unzucht« einsetzte, wie es ein hoher Jurist einmal formulierte.

Ein großer Lover mit beeindruckenden Erfolgen bei der holden Weiblichkeit war Lukas, der stets und zurecht nur »Lucky« genannt wurde. Aber auch große Lover fangen klein an, wenn auch Lucky schon bei der Geburt ein »goldenes Löffele« im Munde hatte und er den frühen Charme von drei Milupa-Kindern aufwies. Sein Nachname Zimmermann wies ihn als Abkömmling einer berühmten Sippe in Heuhofen aus, ältestem Ortsadel mit vielen Verzweigungen in der Region.

Schon im ersten Lebensjahr bezirzte er Mutter, Großmutter und Geschwister, und während üblicherweise der Charme eines Menschen mit zwei Jahren seinen Höhepunkt erreicht hat und dann mehr oder weniger abnimmt, wurde dieser bei Lucky immer noch größer und differenzierter. Er war ein Goldbub, so richtig zum Knuddeln, wie die Tante Sibylle meinte.
Auch in der Schule war er ein kleiner Mister Charming, lernte nicht viel, war aber immer gut drauf, was heute genügen würde, aber in den 50er-Jahren noch als bemerkenswert empfunden wurde.
Klar, dass Zimmermanns schon Mitte der 50er-Jahre einen Fernseher hatten und Lucky und sein Anhang am Samstag fasziniert die »Perry Como Show« sahen, die transatlantische Kultur auch nach Heuhofen brachte.
Selig, o selig kam dann die Tanzstundenzeit. Frisch und rein dufteten die Pettycoats, und frisch und rein sollte damals alles sein. Mit geübtem Hüftschwung wurde unser Goldsohn Schulmeister im Dauer-Hula-Hoop, und der Kenner vermutet zu Recht, dass diese Begabung Lucky geradezu zum Rock'n'Roll-Star emporsteigen ließ.
Sein erster Hit war denn auch Susi Schmidt, im damals oft gesendeten Lied und in Person der Tochter des Bahnhofsvorstandes, die mit ihm die ersten Peter Stuyvesant rauchte und einen Hauch vom Duft der großen weiten Welt verströmte, obwohl Heuhofen nur an einer Nebenstrecke lag. Mit ihr schaffte er auch den Überschlag beim Tanzen, doch das Petting kam am Pettycoat zum Stehen, schließlich war man in den Fifties, denn wie schon Chris Howland klagte, »die Mutter war immer dabei«, zumindest spirituell.

Trotz Bedenken von Mutter und Tante war er auch der erste Playboy-Leser in Heuhofen und verlieh die schönen Hefte zur Refinanzierung gegen geringe Gebühr an seine Mitschüler.
So wuchs Lucky heran und war bald der Junggeselle »most wanted« in Heuhofen und seiner Region.
Kaum hatte Lucky ausgelernt, starb sein Vater, und er erbte mit seiner Mutter und einer älteren verheirateten Schwester, die ausgezahlt wurde, eine Sprudelfabrik mit einer Belegschaft von immerhin über achtzig Mitarbeitern. Bald sprudelte auch das Geld für ihn. Der Absatz stieg von Jahr zu Jahr und die Quelle »Ferdinand« zeigte sich als äußerst ergiebig und gehaltvoll. Eine neue Abfüllhalle wurde gebaut: Wenn die Sitten auch in den Sechzigern immer freier wurden, ging der Alkoholabsatz doch zurück und der Sprudel wurde immer beliebter.
Auch Lucky wurde immer beliebter. 1967/68 hatte er persönlich sein bestes Jahr. In seine Gunst teilten sich vier Geliebte, die natürlich nichts voneinander wussten und auf drei Landkreise verteilt waren. »Ohne Porsche wäre das nicht zu schaffen«, erklärte er seinen Spezis, warum er für die täglichen zwei Kilometer in den Betrieb so einen schnellen Wagen brauchte. Viel getuschelt wurde in Heuhofen auch über seine Saunafeste, von denen es hieß, eine Justizperson – in Wirklichkeit ein aus der Art geschlagener Notariatspraktikant – vermittle dort »mit Stempel und Papier« Ehen für eine Nacht, um restliche Skrupel bürgerlich geprägter Teilnehmer zu vermindern. Mit der gleichen Flexibilität wurde dieses Notartalent später ein so genannter »Mitternachtsnotar«, der in Autobahnraststätten Verträge beurkundete.

Doch auch Lucky fand seine Meisterin: Eine Polin, die gut Deutsch sprach, hatte es ihm auf einer Messe angetan. Er brachte sie zum allgemeinen Erstaunen mit nach Heuhofen und übers Jahr waren sie verheiratet. Luckys Mutter frohlockte, weil sie glaubte, das Waschen und Kochen für den Goldsohn höre jetzt auf, schließlich war der Bub ja schon Mitte dreißig. (Französische Soziologen haben übrigens festgestellt, dass die Wäsche das entscheidende Kriterium für eine Bindung sei. Sage mir, wer für dich wäscht, und ich sage dir, wo du wirklich zu Hause bist.)

Luckys frisch gebackene Ehefrau, manche betagte Heuhofener bezeichneten sie auch als »Polenmädchen«, legte auf Kochen und Waschen wenig Wert und überließ dies dankend der rüstigen Schwiegermutter, die in ihrer Affenliebe zum Bub dies weiter, wenn auch ohne Begeisterung, übernahm. Raissa reüssierte mit ihren guten Sprachkenntnissen schnell und wurde Dolmetscherin. Das Unerhörte geschah: Lucky lief in die Abseitsfalle. Seine Frau emanzipierte sich auf seine Kosten, setzte ihm gar Hörner auf! Lucky beschloss, es seiner »Partisanin« zu zeigen, und reichte die Scheidung ein.

Raissa willigte ein und war nicht unzufrieden, ein guter Beruf und ein deutscher Pass waren kein schlechtes Ergebnis für zweieinhalb Jahre Ehe mit Lucky.

Der nahm sein altes Leben wieder auf, wenngleich ihm die »quattro Liebe« mit vier Freundinnen in drei Landkreisen trotz stärkerem Porsche doch etwas zu anstrengend erschien. Er orientierte sich jetzt mehr an Schnitzlers »Reigen«, dem uralten Bäumchen-wechsel-dich-Spiel, meinte ein Freund vielsagend.

Zwischen fünfzig und sechzig kriselt es aber auch bei den fröhlichsten Singles.
Wirtschaftlich ging es ihm blendend, die Quelle »Ferdinand« wurde immer gesuchter und Lucky betuchter. Aber in sentimentalen Anflügen ging ihm immer wieder der Beatles-Text durch den Kopf, der da lautet »Will you still need me, will you still feed me, when I'm sixty-four«. Das erotische Intervalltraining mit Freundinnen war schön, mehr aber auch nicht. Sein treuer Dackel Foxi brachte ihm morgens die Zeitung und abends die Hausschlappen; was Herrchen aber suchte, war eine Frau, die sehr attraktiv, gutartig und belastbar zugleich war. Noch war er weit vom Diät-Sex mancher Freunde und ihrer Langzeitpartnerinnen entfernt, doch meinte er, eine junge Frau wäre für ihn das Beste, hieß es doch in seinem Reitverein »alte Hengste und junge Stuten führen zu den besten Fohlen«.
Inzwischen war die Mauer gefallen, Osteuropa »befreit«, und außer Marlborough, Versicherungs- und Bausparvertretern versuchten gar viele erotische Glücksritter, möglichst gleich hinter der Grenze ihr Glück zu machen. Der Pfeil Amors traf Lucky aber im Urlaub an der Algarve in Portugal. Er fand dort eine wohlgeformte Zwanzigjährige, die ihn zwar nicht mit »mein hoher Herr« anredete, aber vom Glanz des reichen Deutschen sehr beeindruckt war. Schon bald wurde wieder eine große Hochzeit ausgerichtet. Die portugiesische Verwandtschaft war in einem alten Bus angereist, der im Autokorso durch Heuhofen stark abfiel. Das Schlimmste war aber, dass ein Teil der neuen Verwandtschaft gleich da blieb in seinem Schlösschen von Haus.

Die Heuhofener schüttelten die Köpfe: »Geit's scho wieder los«, sagten die einen, »lernt der gar nex dazu?« Andere meinten: »Einmal neidappt sott doch lange«.
Es kam, wie es immer kommt – Heinrich Heine hat es in seinem Gedicht vom König von Thule so wehmütig beschrieben:
Luckys Charme wich langsam den Falten, doch Anna blühte auf und schenkte ihm mit 56 noch den gewünschten Sohn, worüber er vor Freude fast außer sich geriet. Ein Jahr später starb er den Liebestod und hinterließ eine fröhliche Witwe. Der Sprudel floss und das Leben ging weiter.
Am Ende regiert halt immer die Natur und das ist vielleicht ganz gut so.
Jeden mit Glück erfüllen, auch sich selbst, ist gut, heißt es zwar nicht im Katechismus, aber bei Bertold Brecht, und an beide Pflichten hatte sich Lucky immer gehalten, auch wenn Neider immer nur die eine Seite sahen.

Bruno

Bruno hatte Heuhofen als »Westwallzigeuner« zum ersten Mal kennen gelernt. Diese Vokabel bezeichnete die an der Grenze zu Frankreich wohnenden Badener, die vor dem Angriff der Wehrmacht auf Frankreich 1940 zu ihrer Sicherheit ins Inland evakuiert worden waren. Die so genannte Volksgemeinschaft war trotz aller Propaganda nicht so entwickelt, dass die Heuhofener ihre Landsleute mit Freuden begrüßt hätten. Das ist aber kein besonderes Versagen der Heuhofener, sondern eine in den hoch zivilisierten Regionen der Welt typische Reaktion auf Fremde, die nichts mitbringen.

Dennoch hatte Bruno als heranwachsender Bub damals Heuhofen in den Wochen ihres Aufenthaltes recht lieb gewonnen, da sie auf einem Bauernhof, damals dem schönsten Spielplatz eines Kindes, untergebracht worden waren. Am Krieg hatte er noch zwei Jahre im Osten teilgenommen und war in der Slowakei von Partisanen gefangen genommen und an die Sowjets ausgeliefert worden. Zu seinem eigenen Erstaunen wurde er 1949

nach vier Jahren Haft und Bergbauarbeit freigelassen. Er war Härte gewöhnt: »Kommt Kohle rauf, kommt Essen runter!«, war die Devise im Bergwerk gewesen.
Schon im Lager hatte er erfahren, dass seine Eltern und kleineren Geschwister nicht mehr lebten, da beim Rückzug der Wehrmacht aus Frankreich im Frühjahr 1945 ein deutsches Artilleriegeschoss ihr Haus versehentlich getroffen und vernichtet hatte.
So wusste Bruno, wie so viele andere, nicht wohin, als er in der Nähe von Bad Hersfeld wieder auf freien Fuß kam. Per Anhalter und als Schwarzfahrer in überfüllten Zügen kam er wieder nach Süden und traf zufällig einen früheren Kameraden, der auf dem Weg zu seiner Familie in Heuhofen war, und Bruno ging einfach mit.
Zunächst wohnte er in einer Kammer auf dem väterlichen Hof seines Kriegskameraden. Bald fand er Arbeit in einer Pappdeckelfabrik. Der Fortschritt der 50er-Jahre zeigte sich bei ihm darin, dass er in seine Fabrik zunächst zu Fuß ging, dann mit dem NSU Quickly und später mit einem Kreidler Florett seinen Gipfel der Zweirädrigkeit erreichte hatte.
Trotz einer entstellenden Schussverletzung im Gesicht, die einen Kiefer durchschlagen hatte, war er durchaus heiteren Gemüts, wobei das Bier die Stimmung bei ihm kräftig förderte. Zum Glück waren nicht alle Mädchen in Heuhofen so penibel, bei potentiellen Partnern zunächst einen Grundbuchauszug zu verlangen, und er fand sogar eine brave Kriegerwitwe als Ehefrau. Sie bekamen zwei Mädchen miteinander, die mit dem Buben aus der ersten Ehe der Witwe recht gut harmonierten.
Ein paar Jahre später kauften sie einen Altbau in Heu-

hofen, und der »reig'schmeckte« Bruno war somit augenfällig ein richtiger Heuhofener geworden, der aber, wie man sagte, »weder ein volles noch ein leeres Glas« sehen konnte. Zum Leidwesen seiner Frau trat er jetzt in eine bürgerliche Partei ein, die in Heuhofen eine große Anhängerzahl hatte.

Bald stand er auch als Kandidat zur Gemeinderatswahl bereit. Sein origineller Wahlslogan: »Heuhofener wählen früh und spat ihren lieben Bruno Rath«, tat seine Wirkung, und er wurde mit stattlicher Stimmenzahl in das kommunale Gremium gewählt. Er war stolz, jetzt »Aktivbürger« zu sein, wie der Bürgermeister ihn bei der ersten Sitzung begrüßte.

Bruno wurde Politiker. In seiner Partei als Hilfsarbeiter mehr gelitten als geduldet, war er ein rechter Exot, der sich aber unermüdlich für die Familie und das Christliche einsetzte. Ein Feld, das wenig beackert wurde, da es für kaum jemand mit greifbaren und habhaften Vorteilen verbunden war. Bei Parteiveranstaltungen hatte er nach etwa fünf Halben regelmäßig seinen großen Auftritt, wenn er die akademischen Schwätzer rhetorisch bekämpfte. Eine gewisse Verlegenheit gab es dann immer, wenn er lautstark darauf hinwies, die Akademiker sollten erst einmal ihre eigenen Kinder zu anständigen Menschen erziehen, bevor sie sich in anderer Leute Angelegenheiten einmischten. Seine Kinder seien gut gezogen, was auch stimmte, und würden ihren Lehrern und Lehrherren nur Freude bereiten. So Recht er hatte, wollte dies doch niemand wissen, und die Betroffenen nahmen inzwischen einen tiefen Zug aus dem Glas, bis die Einlage von Bruno vorbei war.

Bruno ließ sich seine Ideale nicht vermiesen und wurde in Heuhofen zum fleißigsten Werber von neuen Mitgliedern, deren Beitragsaufkommen aber sehr gering war. Dennoch zahlten Brunos Mitglieder mit drei bis fünf Mark pro Monat erheblich mehr als viele Großkopfete, die nach dem Motto lebten, wenn ich schon meinen guten Namen hergebe und im Gemeinderat meine wertvolle Zeit versitze, möchte ich nicht auch noch Mitgliedsbeiträge zahlen.
Gefürchtet waren Brunos Leserbriefe im Blättle, da er in seiner hehren Argumentation zwischen Freund und Feind nicht immer ausreichend unterschied. In der Nachrüstungsdebatte der frühen 80er-Jahre bezog er als Einziger eine klare Stellung, indem er die Pershing für notwendig hielt, weshalb man ihm publizistischen Todesmut bescheinigte.
In diesen Debatten kämpfte er vor allem mit dem evangelischen Pfarrer des Nachbarortes, der seinerseits von einem hohen pensionierten Bundeswehroffizier unterstützt wurde. Hoch schlugen die Wellen in der Heimatzeitung. Die Partei ließ ihren »Kampfhund« gewähren, waren die Mitglieder doch froh, sich in dieser heiklen Frage nicht selbst äußern zu müssen. Schließlich wurde der Doppelbeschluss im Bundestag mit knapper Mehrheit gefasst und es hätte wieder Ruhe einkehren können. Bruno hatte sich auf den »kommunistischen Pfarrer« aber schon eingeschossen, und immer wieder gab es Leserbriefe der beiden, zum »hohen C«, zum »wahren C«, zur Nächstenliebe und zur Feindesliebe, zum § 218, der Asylfrage und was so alles in vier bis fünf Zeilen abgehandelt werden kann.

Je liberaler und sozialer der Pfarrer wurde, desto aggressiver wurde Bruno. Bei einer Auseinandersetzung im Gasthaus »Engel« zog er, wie er meinte, seine größte Trumpfkarte, und er erklärte seinem Kontrahenten, von solchen Vertretern der Kirche wolle er sich nicht mehr betreuen lassen und er werde jetzt aus der Kirche austreten. Was nun kam, führte zur Belustigung seiner Gegner wie auch seiner Freunde:
Bruno, der sich um Papierkram nie gekümmert hatte, und auch als Kind fast nie mit der Kirche in Berührung gekommen war, musste nämlich feststellen, dass er gar nicht evangelisch, sondern katholisch war. So ein ungewöhnliches Problem tritt sonst allenfalls noch bei Spätaussiedlern auf, deren religiöse Tradition verschüttet ist. Jetzt war guter Rat teuer. Mit einem seiner wenigen echten Freunde beriet er sich und beschloss, gar nichts zu machen und sich aus der aktiven Politik zurückzuziehen. Seine Familie, die seine Aktivitäten in christlicher Demut ertragen, aber nicht begrüßt hatte, war darüber sehr froh. Als Moral von der Geschicht' sollte man festhalten: Man muss auch großen Spott ertragen, wenn man keinen sichtbaren Schaden hat.

Der Herr Studienrat

Der Vater war Regierungshauptsekretär – ein großer Titel und ein kleines Gehalt. Wie seine Frau stand er auf dem vor allem in der Kriegsgeneration verbreiteten Standpunkt »meine Kinder sollen es einmal besser haben«.
Der große Bub, der nach allgemeiner Lehrermeinung etwas auf dem Kasten hatte sollte mit Hilfe von dem »Bafög«-Vorläufer »Honnef« studieren. Auch die Tochter bekam wenigstens eine gute Ausbildung und wurde Inspektorin auf dem Rathaus. Da die Mädchen ja dann doch irgendwann heiraten, wurde dies als ausreichend angesehen und entsprach vor den 70er-Jahren durchaus den Usancen im Kleinbürgertum.
Die Hoffnung des Vaters, Kurt werde Jura studieren und es dann womöglich bis zum Regierungspräsidenten bringen, erfüllte sich leider nicht, da »der Bub« kein Paragraphenreiter werden wollte. Er fühlte sich vielmehr zu den finanziell ertragsarmen Fächern Germanistik und Geschichte hingezogen, was er denn auch studierte und womit er schließlich Gymnasiallehrer wurde.

Man kann über die Effizienz unserer Universitäten sehr unterschiedlicher Meinung sein, geht das System der Vorlesung doch bis ins 13. Jahrhundert zurück, ohne dass Gutenberg daran etwas ändern konnte. Auch wenn die altehrwürdige Vorlesung bald im Internet aufgehen dürfte, sollte man alle Cafeterias, Bibliotheken und Sporteinrichtungen unbedingt erhalten als optimalen Heiratsmarkt oder wenigstens »Beziehungsforum« oder gar »Beziehungsmesse«. Von den beiden zentralen Fragen des Lebens, den richtigen Partner und den richtigen Beruf zu finden, lässt sich somit die erstere, leichtere, an den Unis hervorragend lösen. Ob man mit dem gewählten Studienfach glücklich wird, ist eine ganz andere Frage.

Bei einer kreativen Pause in der Cafeteria der Universitätsbibliothek hatte Kurt denn auch seine Frau fürs Leben gefunden. Sie hieß Antje, war ein blondes Kind aus Heide in Holstein und studierte im gleichen Semester Anglistik und Romanistik. Nach Meinung seines Vaters war dies »auch nichts Recht's«, da auch dieses Studium zu den akademischen Leichtlohnfächern führt und der kleine Mann, der seine Kinder zu Akademikern ausbilden lässt, oft die Vorstellung damit verbindet, dass diese nicht gerade Bundeskanzler, aber wenigstens Millionär werden sollten.

Stattdessen entwickelte sich mit den Studienassessoren Kurt und Antje die kuschelige Lehrerfamilie in der Geborgenheit der Beamtengesetze, wie sie jedes deutsche Gymnasium kennt. Zwei Kinder stellten sich ein – sie sollten später auch Lehrer werden. Während der Begriff Muße von fast keiner Sekretärin mehr richtig geschrieben

wird – »Was soll au des sei?« – war sie in Kurts Familie nicht nur virtuell, sondern auch real vorhanden. Als Wissenschaftler war er, wie er meinte, für den Schulbetrieb eigentlich zu schade, was durchaus in der Tradition des deutschen Gymnasiums liegt, spielte doch Pädagogik bei der Ausbildung der Gymnasiallehrer fast keine Rolle.
Andererseits hielt sich sein wissenschaftlicher Ehrgeiz in Grenzen. Da es an der Uni ein Seminar über Kafka gegeben hatte, las er immer wieder den »Prozess« und fand sogar ein von der Wissenschaft der Germanistik übersehenes Problem, nämlich einen leichten Kommafehler. Auf eigene Kosten reiste er nach Marbach in das Deutsche Literaturarchiv, um das Originalmanuskript einzusehen. Das brachte zwar keine Klärung, aber immerhin eine wissenschaftliche Publikation in der »Germanistik« unter dem Titel »Kommafehler oder Tintenspritzer?« Kafka hatte es ihm buchstäblich bei Tag und Nacht angetan. Einmal erwachte er morgens und glaubte, er sei Kafka. Erst ein Blick auf seine Frau Antje führte ihn in die Realität zurück. Dennoch fühlte er sich durch den Traum fast geadelt, hätte er ja beispielsweise auch träumen können, er wäre in ein Insekt verwandelt worden oder sonst etwas Unbedeutendes.
Auch im Fach Geschichte gelang ihm eine wissenschaftliche Entdeckung, als er feststellte, dass die Schlacht bei Königgrätz 1866, die den Sieg der Preußen über Österreich und seine Verbündeten brachte, gar nicht bei Königgrätz stattgefunden hatte, sondern bei den Dörfern Chlum und Sadowa. Die Franzosen, pflegte er zu sagen, seien wenigstens »halbehrlich« und hätten danach immer »Rache für Sadowa« gefordert.

Eine richtige Aussage, die dem guten Studienrat bei Jahrgangstreffen gern vorgehalten wurde, indem ihm bei seinem Eintreffen stets der Ruf »Rache für Sadowa« entgegenschallte.
Bald aber waren ihm auch solche Glanzlichter des Unterrichts keine Freude mehr, die innere Kündigung ließ nicht auf sich warten, und immer mehr wurden die Schüler für ihn zu einem notwendigen Übel, um an das Gehalt zu gelangen, das gut war, aber freilich noch besser hätte sein können. In einem Anfall von Zynismus bemerkte er einmal zu seiner Frau: »Welch ein Wissen wird mit mir beerdigt werden, ohne dass sich irgend jemand dafür interessiert hätte!« Als Studienassessor noch einigermaßen flott gekleidet, wurde er im Aussehen immer mehr zu einem typischen Studienrat.
Die Haare waren noch vorhanden, aber schlecht geschnitten und gekämmt. Seit der Schulzeit ging er zum gleichen Frisör in Heuhofen, auch wenn dieser nicht auf dem neuesten Stand der Mode war. Schließlich meinte er zu Recht, man müsse in den Kopf investieren und nicht am oder auf dem Kopf.
Seltsam war sein auch von vielen Kollegen geteiltes Brauchtum, unter einer Art Anorak Hemd und Krawatte zu tragen, was von bösen Frauen schon als »Rentnerchic« bezeichnet wurde.
Andererseits war die Hose eine durchaus normale Stoffhose mit strapazierfähiger Bügelfalte. Schon im Laufe der 90er-Jahre war es nämlich Usus geworden, dass gewissermaßen nur »die Stalinisten« unter den 68ern an den Jeans festhielten.
Im Winter trug er feste Schuhe, im Sommer aber Birken-

stock-Sandalen, die nicht unbedingt mit den Hosen zusammenpassten.
Geistig war er durchaus noch kritisch, aber unproduktiv und entsprach so dem Bild des Deutschen, das Hölderlin mit den Worten gekennzeichnet hatte, sie seien tatenarm und gedankenvoll.
Was hätte Kurt denn auch tun sollen? Er, der viel wisse und vor allem wisse, wie es eigentlich alles sein sollte, könne doch nichts tun, meinte er. Vom Ideal ausgehend verachtete er die Realität anstatt kontinuierlich die Wirklichkeit dem Ideal anzunähern und womöglich bei sich anzufangen. So rechtfertigen viele Intellektuelle ihre Faulheit ideologisch und fahren damit recht gut: An ihnen liegt's ja nicht, aber »solang Russland net badisch ist« kann man halt gar nichts machen.
Seine Eltern als gute, redliche Heuhofener waren von seinem Leben nicht begeistert. »Da studiert man sechs Jahr und dann trödelt man nur in Antiquariaten und Buchhandlungen herum, des isch doch kei Vorbild für die Kender«, seufzte sein Vater.
So bleibt der Lehrer Kurt ein Lotse im Meer des Wissens und hat seine Freude im maßvollen Hedonismus. Mit limitierten Freuden in Freizeit und Familie oder beim FKK-Urlaub an der Nordsee. Die Wissenschaft läuft beim Studienrat mit wenig Energie. »Man muss halt alles vom Weltniveau auf Heuhofen transformieren, und irgendwann werden wir Lehrer ganz durch das Internet ersetzt«, meinte er immer wieder. Und dennoch wurden seine Kinder wieder Lehrer und seine Enkel vermutlich auch.
Die Schüler ändern sich, aber nicht unbedingt auch die

Lehrer mit ihnen. Auf »Null-Bock-« und »Turnschuhgeneration« kamen mit nachlassenden Berufschancen wieder motivierte Schüler und forderten da und dort ihre Lehrer, die nicht nur in Heuhofen ihren Ruf als Besserwisser behielten. Deshalb gewöhnte sich der Heuhofener Dorfanwalt an, wenn er einen Lehrer vertrat, als Warnung im letzten Satz jedes Schriftsatzes festzuhalten:
»Im Übrigen weise ich darauf hin, dass mein Mandant Lehrer ist.«

Der Schwanzprimus

Unter den Einwohnern von Heuhofen gab es, wie überall, »sotte und sotte«. »Sotte«, das waren drei, vier sehr verzweigte Ureinwohnerfamilien – eine Art »bürgerlicher Ortsadel«. »Sotte« waren auf der anderen Seite fast ein Drittel der Dorfbewohner, die nach dem Kriege zugezogen waren. Darunter, inzwischen mehr oder weniger etabliert, die Heimatvertriebenen und Flüchtlinge aus der Nachkriegszeit, der früheren DDR und nicht wenige, die aus beruflichen oder familiären Gründen in das schöne Heuhofen gezogen waren, darunter auch etliche Ausländer.

Aus dem Kreis der Zugezogenen stammte auch der Held unserer Geschichte, Elmar Didier. Seine Eltern stammten aus dem Rheinland, das bekanntlich etwas lockerere Menschen hervorbringt als Altwürttemberg. Der Vater hatte eine Textilvertretung für Süddeutschland und schon in der 60er-Jahren beschlossen, in Heuhofen sein Standquartier aufzuschlagen und alsbald seine Familie nachkommen zu lassen. Elmar fiel schon in der Grundschule durch seine Aufmerksamkeit und Fixigkeit auf, legte aber auch eine gewisse Unbeständigkeit und Nachlässigkeit an den Tag, die seine Lehrer zu dem Urteil »schnell und schlabbig« kommen ließ. Dennoch schaffte er das Abitur, wenn auch wenig glanzvoll. Er ging zum Bund und wurde Reserveoffizier, worauf er mächtig stolz war. Wie alle Abiturienten ohne erkennbare größere Begabung studierte er anschließend Jura und schloss sich, noch bevor er zum ersten Male einen Hörsaal betreten hatte, der Akademischen Verbindung »Allotria« an. Das Verbindungswesen war bis 1968 vor allem in kleinen Universitätsstädten noch sehr im Schwunge und ersetzt noch heute manchem die Zugehörigkeit zu den »Lions« oder »Rotariern«, die viel später aufkamen.

Elmar war ein fröhlicher Student, wie man sie heute kaum noch kennt, das heißt, er gönnte sich alle Freuden des Körpers und schonte den Geist. Diesen schaltete er nur ein, wenn es darum ging, einen Übungsschein abzustauben und als es an die Examensvorbereitung ging, die er so ökonomisch wie möglich mit einem Repetitor betrieb.

Dass aus so einem Studenten keine Leuchte der Wissenschaft wird, glaubt man gern. In der Tat reichte es bei der Staatsprüfung nicht zum Primus, sondern nur zum Schwanzprimus, dem ersten von hinten gezählt. Aber er hatte Examen, war Gerichtsreferendar, zwar nicht der erste in der deutschen Geschichte, aber in Heuhofen, und von diesem Prestigegewinn machte er reichlich Gebrauch. In Heuhofen konnte er damit aber nicht viele beeindrucken, galt bei den Ureinwohnern doch noch immer der Grundsatz »net schwätze, schaffe«.

Schon als Student bei der »Allotria« hatte er gemerkt, wie wichtig das Vitamin B ist. Er baute im Referendardienst sein Netzwerk bedeutend aus, was ihm in seiner kontaktfreudigen, beflissen unverbindlichen Art sehr leicht fiel. So galt er vielen als munterer junger Mann, der vielseitig einsetzbar erschien. Auch das Assessorexamen bestand er gerade noch und kam auf dem politischen Weg sofort in ein Ministerium in der Landeshauptstadt. An ernsthafter Arbeit nicht sehr interessiert, wechselte er rasch in die Pressestelle des Hauses, wo er seine Kontakte vor allem zur Herausgabe von Büchern mit einem befreundeten Verleger nutzte.

Das Rezept war sehr einfach: Zu bedeutungsschweren Themen wie »Europa – Chance oder Untergang« oder »Bildung – Privileg oder Massenrecht« schrieb er Dutzende bekannter Persönlichkeiten aus Staat, Wirtschaft und Kultur an, signalisierte ihnen, dass »der und der und die« am besagten Buchprojekt bereits ihre Mitwirkung zugesagt hätten, und brachte so recht attraktive Autoren zusammen. Schwierigkeiten bereitete ihm nur das kurze Vorwort von ihm selbst als Herausgeber, das er dann aus verschiedenen Quellen zusammenbraute.

Dementsprechend galt er in der Ministerialszene bald als rühriger junger Mann, nur ältere Ministerialräte schüttelten immer wieder den Kopf über seine Einfälle und meinten vorsichtig, seine Vitalität überschieße seinen Intellekt bei weitem. Obwohl er im Dienst immer wieder äußerst geschickt von den Leistungen anderer zehrte, hatte er »nach oben« einen guten Draht, da eine gewisse Beflissenheit immer beliebter macht als der Ruf, Skeptiker zu sein oder auch nur als Gemütsmensch zu gelten.

So brachten es Didiers Qualitäten als Selbstdarsteller mit sich, dass er – jetzt schon Ministerialrat – in die Staatskanzlei kam, wo gerade ebenfalls ein begnadeter Selbstdarsteller herrschte.

Als es in dieser Behörde ohne ersichtlichen Grund üblich wurde, Sonderreserveübungen für VIPs, schon Oberregierungsrat reichte, und Sprungübungen bei den Fallschirmjägern zu machen, meldete sich Elmar auch zu einer Sprungübung an, um dann noch jahrelang zu beklagen, dass er ausgerechnet am Tag vorher überraschend mit dem Meniskus Ärger bekommen hätte. »C'est la vie«, meinte er dann, um auch seine Weltläufigkeit unter Beweis zu stellen.

Da das Parkett in der Staatskanzlei doch etwas zu glatt war, intellektuelle Defizite deutlich wurden, manche ihn gar als Hochstapler ansahen, und Außenstehende immer wieder indigniert waren, wenn seine Sekretärin sich manchmal mit »Kampfgruppe Didier« meldete, schob man ihn nach Bonn ab, wo alles noch viel schlimmer wurde. Wenn Cicero sagt, der Ruhm folge der Tugend wie ein Schatten, hat er Recht, wobei freilich auch zu ergänzen ist »auch der üble Ruf folgt dem Bösen wie ein Schatten«.

Elmar – inzwischen mit einem hohen Rang versehen – musste bald in die Staatskanzlei seines Heimatlandes repatriiert werden, wo aber ausgerechnet nur die hohe Stelle eines Abteilungsleiters frei war. Bei den ersten Besprechungen waren die Beamten sehr skeptisch, ein altgedienter Oberregierungsrat meinte gar sarkastisch: »Ich war zwei Jahre in französischer Kriegsgefangenschaft, so lange wird dieses Regiment nicht gehen!«, womit er

Recht behalten sollte. Viele wunderten sich über den neuen Amtsbetrieb, weil wichtige Akten überhaupt nie mehr von ihm zurückkamen. Der Justitiar, der einmal gefragt wurde, ob der neue Chef denn gar nichts mache, zuckte nur mit den Schultern und meinte trocken: »Herr Kollege, Sie wissen, rechtlich kann eine Handlung auch in einem Unterlassen bestehen.«

Mehr hätte zu diesem Thema schon seine Sekretärin erzählen können, die ihm alle halbwegs wichtigen Termine in Stadt und Land mitteilen musste, damit er sich dort sehen lassen konnte. Da er sich gern reden hörte, nahm er auch viele Redetermine an, zumal ihm das gängige politische Vokabular sehr geläufig war. Einmal verstieg er sich dabei sogar, einen Vortrag über Bankprobleme in der EG zu übernehmen und diktierte seiner Mitarbeiterin einen langen Erguss. Als diese dann seine Frage, ob sie die Rede verstanden hätte, mit »kein Wort« beantwortete, meinte er »sehr gut, sehr gut, dann wird's richtig, dann hat die Rede genug Tiefgang«.

Ein Höhepunkt als Repräsentant des Staates gelang ihm beim Abteilungsausflug seiner Leute. Zunächst »wegen Überlastung« zurückgeblieben, fuhr er plötzlich, eskortiert von einer Funkstreife mit Blaulicht vor, um die Bedeutung seiner Person wieder mal ins rechte Licht zu rücken, was aber nur zu neuen Zweifeln führte. Ein ähnlicher Ausflug mit Polizeibegleitung und Sirene zu seiner Mutter in Heuhofen war schon zuvor auf ein sehr geteiltes Echo gestoßen.

So erzählten sich die alten Beamten noch nach Jahren viel wundersame Mär vom Abteilungsleiter Elmar Didier. Vieles könnte man noch berichten von diesem Cleverle und Tapferle in einer Person. Erwähnt sei aber nur noch das Ende seiner Rolle in der Staatskanzlei. Bevor man den »unorthodoxen, aber doch kreativen Beamten« – wie ihn sein letzter Anhänger im Hause beschrieb – noch weiter nach oben abschob, setzte sich Elmar noch einmal voll in Szene. Er löste einen Sicherheitsalarm aus und sah von den Zinnen der Kanzlei mit höchster Befriedigung, wie von allen Seiten mit Blaulicht und Sirene die Funkstreifen heranrasten. Nero muss sich beim Anblick des brennenden Roms ähnlich wohl gefühlt haben wie unser Held. Elmar lobte sich selbst und meinte zufrieden: »Das alles soll mir erst mal einer nachmachen.«

Für den Ruhestand war er viel zu jung. So ging es weiter auf der Karriereleiter. Der arme Mozart musste zu mancher festlichen Amtseinführung herhalten, doch schließlich kam Elmar der Sonne zu nahe, wurde kriminell und verbrannte seine Karriereflügel. Tief stürzte er ab und landete buchstäblich im Gefängnis.

Und wenn er nicht gestorben ist, dann lebt er noch heute und lacht und lacht und lacht darüber, was einem als Schwanzprimus aus Heuhofen so alles gelingen kann.

Aspergle

Ein Kennzeichen unserer Zeit ist, dass der Verkehr immer lauter, die Menschen jedoch immer ruhiger und konventioneller werden. Hysterie als Krankheit kommt nicht mehr vor, die Trinker trinken in der Stille und das Krähen der Hähne wie auch das Geläute von Kirchen- und Kuhglocken gilt schon als unzumutbar. Der Mensch ist wohl temperierter als je zuvor. Keine großen Gefühle kommen auf, weder fürs »Heilige Vaterland« noch für die »Mutter Kirche«, und man ist cool bis ans Herz hinan. Deshalb reicht es auch in der Liebe meist nur zur Leidenschaft »mittlerer Art und Güte« mit dem Ziel des »feeling better.« Auch wenn die Schadenfreude noch immer für den deutschen Humor charakteristisch ist – siehe »Vorsicht Kamera« – wundert man sich doch, mit welcher Energie und Phantasie man früher zu Werke ging, um die lieben Mitmenschen zu schädigen, ohne daraus über die Genugtuung ob dieses Treibens hinaus einen Vorteil zu ziehen.

Auch Heuhofen hatte in den 30er-Jahren einen Meister

auf diesem Gebiet. Ein kleiner, untersetzter Metzger namens Schäuffele tyrannisierte nicht nur seine Familie buchstäblich Tag und Nacht, sondern auch seine Nachbarn und die Heuhofener Obrigkeit, vor allem in Person des Pfarrers, wobei er eine bemerkenswert boshafte Phantasie entwickelte.

Als ein Bauer aus seiner Gasse wegen verschiedener gravierender Vermögensdelikte längere Zeit auf dem Asperg einsitzen musste, sah Schäuffele einen idealen Ansatz, diesen Landwirt wegen der Zuchthaushaft zu quälen. Dazu muss man wissen, dass der Asperg im 20. Jahrhundert nicht mehr der »Demokratenbuckel« des 19. Jahrhunderts war, als es für Demokraten fast zum guten Ton gehörte, eine Weile dort verbracht zu haben.

In eigener Praxis hatte Schäuffele, belehrt durch das Amtsgericht, gewisse strafrechtliche Kenntnisse erworben und wusste, dass er diesen Nachbarn nicht einfach als Zuchthäusler, Gauner oder Betrüger beschimpfen durfte, ohne selbst Schwierigkeiten mit der Justiz zu bekommen. Andererseits wollte er diesem »üblen Menschen« doch zeigen, was er sei.

Er erfand eine Art Umwegbeleidigung, indem er einen kleinen Hund erwarb, den er »Aspergle« nannte. Dieser folgte ihm aufs Wort, und kam nun der vorbestrafte Bauer vorbei, begann Schäuffele »Aspergle, Aspergle« zu rufen, und jeder, vor allem der Betroffene selbst, wusste Bescheid.

Wenn auch dieses Vorgehen bei aller Verwerflichkeit – wegen des Aufwands, einen Menschen beleidigen zu können – bemerkenswert ist, war er sonst noch viel direkter und weniger zimperlich.

Schon vor Aspergle hatte er sich einen Rottweiler zugelegt, den er in der Scheuer scharf machte, wenn eine alte Frau, eine liebe Heuhofener Oma, an der ihn nur ihre zufriedene Existenz störte, vorbeiging. Einmal ließ er dabei bewusst die Tür einen Spalt offen, sodass der Rottweiler hinauspreschen konnte und die harmlose Frau furchtbar zurichtete. Um die Infamität noch zu steigern, stürzte ihm Schäuffele nach und schlug seinen Hund mit einem festen Knüppel auf der Stelle tot. So konnte er sich an Tat und Rettung zugleich erfreuen.
Fuhr er mit Pferd und Wagen durch die Hauptstraße von Heuhofen und sah den Pfarrer, so fing er an, auf den unschuldigen Gaul einzuschlagen und gräulich zu fluchen: »Was bisch au du fier a Schindmähre, verkommenes Subjekt, verkommenes, dir will i's geben, wart, bis mer em Schtall sind, no kriegsch a extra Ratio, aber net zom Fresse, ans Hirn schlag i di no, du Schindmähre, du alte, verkommene!« Und so fort, bis der Pfarrer vorbei war. Manchmal kam es auch zur offenen Gotteslästerung, wie in einem völlig verregneten Sommer, der die Frucht auf den Feldern schon fast gänzlich vernichtet hatte. Wegen der Nöte der Bauern sollte ein Bittgottesdienst stattfinden.
Die Kirchgänger, die an Schäuffeles Haus vorbeigehen mussten, waren entsetzt, als dieser sein Kruzifix aus dem Fenster hielt und laut schrie: »Jetzt Hergöttle, zeig, was de kannsch, ja wie, s' regnet älleweil no, kasch am End gar nix?«
Fast alle Heuhofener empfanden diesen Tyrannen als furchtbare Gefährdung und mieden ihn. Andererseits kann sich eine Gemeinde ihre Bürger schon lange nicht

mehr heraussuchen, und Schäuffeles Familie war seit Jahrhunderten im Flecken.

Übersehen und übergehen konnte man ihn nicht völlig, wohnte er doch im Kern des Dorfes und war ein tüchtiger Hausmetzger, den man immer wieder brauchte. Besonders schlimm war, dass er beim geringsten Anlass sein Metzgermesser zog und jedermann bedrohte, sei er Tierarzt, Bauer oder Knecht oder, und nicht selten, seine Familienangehörigen. Schäuffele stand immer unter dem Druck ungeheurer Aggressionen mit wechselnden Zielen, das heißt, die Aggression richtete sich gegen den, der gerade da war. Seinen kleinen Sohn bezeichnete er als Crétin, ließ ihn aber, von gelegentlichen Fußtritten abgesehen, in Ruhe. Seine Frau hatte sich in ihr Schicksal ergeben und war froh, dass sie überhaupt noch lebte. Widerstand leistete nur die kräftige, fast erwachsene Tochter, die ihn einmal auch mit der Axt schwer verletzte, was sie dann im Gegenzug fast das Leben gekostet hätte. Diese Tochter war es dann auch, die sich für alle von ihm Gepeinigten in einer Weise rächte, wie es heute unfasslich erscheint. Dass Gequälte sich gegen den Peiniger wenden und ihn zu ermorden versuchen, kommt immer wieder vor und führt zu grauenhaften Familientragödien, dass man einen Familientyrannen vom Staat ermorden lässt, war selbst im Dritten Reich eine Ausnahme.

Im Dorf kennt man einander und ist untereinander verwandt oder verschwägert, durch Vereine und Schule verbunden. Schäuffele galt in ganz Heuhofen als Teufel in Menschengestalt, und der Bösewicht kam, mit welcher Begründung auch immer, auf Initiative der Tochter und mit Unterstützung des NSDAP-Ortsgruppenleiters von Heuhofen ins KZ auf den Heuberg, von wo bald die Nachricht von seinem Tod nach Heuhofen kam, ohne dass es zu einer Erregung darüber gekommen wäre. Sein Tod blieb ungesühnt, wie sein Leben ohne Sinn blieb.

Der Dorfanwalt

»Descht a guts Eck, do kleppert's oft, no kennat d' Leit glei zu Ehne«, hatte der Vermieter zu Eugen Hudler gesagt, als er ihm seine Kanzleiräume »Am scharfen Eck« in Heuhofen vermietete.

Hudler war der Dorfanwalt von Heuhofen, der nach vielen Versuchen anderweitig Fuß zu fassen beschlossen hatte, in seinem Heimatort eine Rechtsanwaltskanzlei zu gründen, wie sie auch im ländlichen Raum mittlerweile zur »infrastrukturellen Grundausstattung« einer Gemeinde gehört, im Grunde aber nur die Verelendung der weniger Begabten eines Berufsstandes anzeigt.

Durch die Internationalisierung und Globalisierung gibt es heute weltweit operierende Anwaltsfirmen mit mehr als tausend Anwälten, auf der anderen Seite aber auch den juristischen Däumling, dessen Elend schon bei Jean Pauls »Armenadvokat Siebenkäs« aus dem Reichsmarktflecken »Kuhschnappel« nachzulesen ist.

Der Grund für Hudlers »solitäre Kanzlei«, wie er sarkastisch formulierte, waren seine schlechten Viererexamen.

Die Juristen hatten nie, wie andere Fakultäten, von der Milde, um nicht zu sagen dem Werteverfall des Bildungssystems profitiert und die Noten tief und damit den Brotkorb sehr hoch gehalten.
Zwei Vierer in den juristischen Examen waren nun ein Makel im Leben eines Juristen, der kaum zu tilgen war. Seine Minderwertigkeit als Jurist belastete oft den ganzen Menschen. Machte einer einmal doch Karriere, wie es bei einem Oberpostpräsidenten in Nürnberg der Fall gewesen sein soll, wurde der Makel gewissermaßen noch ins Jenseits verlängert, wenn der Vertreter des Ministeriums zur Trauerrede mit den Worten anhob: »Obwohl der Verstorbene im Examen nur einen Vierer hatte ...«
Eugen Hudler war aber keineswegs dumm, und er hatte auch noch Glück. Wohnen tat er »zum Nuller« bei seiner Mutter, die auch das anfallende Diktat übernahm, war sie doch jahrzehntelang im Büro eines richtigen Rechtsanwaltes in der Kreisstadt gewesen.
Die Kanzlei am »Scharfen Eck«, war daher eine Scheinstellung, wo sich die Bibliothek, das Telefon – meist »nach Hause« umgeschaltet – der PC, Schreibtisch mit Besucherstuhl und sogar ein echter Teppich sowie ein Gummibaum befanden. »Die Einnahmen kann ich nicht planen, aber die Kosten«, sagte er wie ein gelernter Betriebswirt und war froh, nicht auch noch im Büro schlafen zu müssen, wie es Leidensgefährten von ihm in anderen Orten praktizierten.
In Heuhofen mit vielen verwandt und verschwägert, hatte er einen gewissen Stamm von Klienten und wusste auch mit den Stammtischen richtig umzugehen. »I schaff

mit brandneue Gsetz ond Kommentar, ond über's Internet hab i a jeds Urteil aus Karlsruh a Sekond später auf em Tisch.« Seine Stammtischbrüder waren stolz und skeptisch zugleich, einen »eigenen Rechtsanwalt« zu haben und überließen ihm die Unfallregulierungen mit den Versicherungen, Verkehrsdelikte und anderes, was bei uns in Deutschland immer noch mehrere Volljuristen zur Erledigung erfordert, aber z.B. in England undenkbar wäre. Der Rechtsstaat sichert daher bei uns auch viele hochkarätige, aber im Grund sinnlose Arbeitsplätze für Volljuristen.

Einen gewissen Ruf als »Perry Mason des Schwarzwaldes« erwarb er sich bei kleinen Strafsachen durch seine schwungvollen Plädoyers mit wahrhaft umwerfenden Begründungen wie »ich fahre diese Kurve seit Jahren selbst haargenauso« oder »der Angeklagte hatte nicht nur Grün, er hatte vielmehr absolutes Grün«, die im Bezirk zu geflügelten Worten wurden. Was für die HNO-Ärzte die zu operierende krumme Nasenscheidewand der Patienten, sind dem Dorfanwalt die Scheidungen: die Basis der Existenzsicherung für Volljuristen.

Meistens begann der »Casus« mit einer heulenden Frau am Telefon, die dann in die Kanzlei bestellt wurde. Es war fast ein Brauch geworden, dass die Heuhofener Frauen zu ihm, ihre Männer zu Anwälten in die Kreisstadt gingen. Die Zerbrechlichkeit des Eheglücks wirkte sich auch auf Heuhofener Ehen aus. Hudler berief sich bei der Scheidungsberatung gern auf ein Zitat des Philosophen Immanuel Kant, das er einmal in »Focus« gelesen hatte: Der Mensch sei von krummer Natur, was man leider auch in Heuhofen merke. Nicht alle Mandantinnen waren dabei so tapfer wie eine Stürmerin der Frauenfußballmannschaft des VfR Heuhofen, die halb lachend, halb weinend erzählte, ihr Mann sei angetrunken heimgekommen, als sie vesperte und habe sie angeherrscht: »Warum frisst du heut a Schnitzel?«, worauf sie erwidert habe: »Weil ich heut Geburtstag hab«, und dann habe er auch noch mit ihr ins Bett wollen.

»Grob verkehrswidrig und rücksichtslos«, entfuhr es Eugen, die Rechtsgebiete verwechselnd. Schnell schwächte er seine Aussage mit den Worten ab: »Ja, ja, so kennt mer den Franz.«

Obwohl privat selbst ein Bruder Leichtfuß, war Hudler doch – auch politisch – ein großer Kämpfer für Ehe und Familie. Ohne Ehe und Familie, folgerte er, keine Scheidung, dafür Anarchie, Auflösung des Abendlandes, Massenelend usw.

Er wusste, wovon er redete, hatte man ihn doch schon auf dem Gymnasium wegen seiner schwarzen Haare und Ansichten den »King creol« nach einem Lied von Elvis Presley genannt. Es hieß von Hudler, als Student und auch danach sei er immer wieder in anderer Leute Scheidungsakten aufgetaucht.

Auch als Dorfanwalt war er sehr flexibel und konnte sich sogar einer internationalen Rechtsberatung rühmen, freilich nach Heuhofener Art: Es war an einem ganz normalen Tag. Hudler hatte die Post gelesen und gegen elf ein »Anwaltsfrühstück« in Form eines Kognaks eingenommen, als sich ein Heuhofener Ehepaar mit einem reichen Onkel aus Connecticut meldete, der unbedingt »an option« für das so genannte »Heuhofener Schlössle« erwerben wollte. Im Moment sei er nicht flüssig, erklärte der

Amerikaner, aber in einem Jahr sei er so weit und bis dahin wolle er es sich durch »an option« sichern. Dem Dorfjuristen dämmerte es dunkel, dass dies nur über eine notarielle Vormerkung ginge, aber einerseits wollte er sich den Braten nicht entgehen lassen, andererseits waren der Amerikaner und seine Heuhofener Verwandtschaft nicht an Problemen interessiert, sondern wollten sofort ein »paper«, an das sie sich halten konnten.

Mit würdiger Miene setzte er daher von Hand einen »Optionsvertrag« auf und regelte die Einzelheiten des geplanten »deal« in 10 Paragraphen. Sodann fügte er, zumal er keine Haftpflichtversicherung hatte, als § 11 hinzu: »Die Parteien wurden darauf hingewiesen, dass dieser Vertrag nach deutschem Recht ungültig ist«. Die Parteien unterschrieben, das Vertragswerk wurde kopiert und Hudler kassierte ungerührt 800 DM plus Mehrwertsteuer. Der Tag hatte sich gelohnt. Mit altbewährten Grundsätzen wie »Ohne (Vor)schuss kein jus« oder »Frisch geklagt ist halb gewonnen« hielt er sich über Wasser und stellte nach drei Jahren sogar eine Heuhofenerin als Sekretärin an, die in der Stadt bei einem Anwalt gearbeitet hatte und jetzt ihn und vor allem seine Mutter entlastete. Das war ein »friendly take over«, eine freundliche Übernahme, aber keine Fusion, wie er betonte.

Ging einmal ein Prozess verloren, hatte Eugen Hudler auch einen bewährten Trost parat, indem er die ewige Wahrheit der Justiz verkündete, nirgendwo sei der Mensch so sehr in Gottes Hand wie vor einem deutschen Gericht und auf hoher See.

Der Stolz des Dorfes

Der sicherste Weg, Aggressionen auf sich zu ziehen, ist, im neidtüchtigen Deutschland Erfolg zu haben. Kollegen verzeihen dies nie, und von den guten Freunden nur die besten. Wohlwollen und Stolz besteht dagegen im heimatlichen Dorf, wenn man sagen kann, der Minister X oder Vorsitzende Y oder der Präsident Z sei »einer vo oos« und dies bei würdevollen Heimatbesuchen des VIP durch ausreichend Freibier dokumentiert wird. Als der Sohn eines Heuhofener Gewerbetreibenden nach einer Blitzkarriere schon mit 30 Landrat wurde, war man auch des Respektes voll. Aus seiner Familie war seit Jahrhunderten niemand etwas geworden, und der Reichtum der Familie hatte meist nur in Kindern bestanden.

»Er isch immer no der gleich, luschtig und fidel«, meinten seine Schulkameraden beim Treffen der Jahrgänger, und der Lehrer sagte nicht ohne Stolz: »Unsere Schule kann nicht so schlecht gewesen sein.«

Die Deutschen haben sich leicht daran gewöhnt, dass viele Inhaber staatlicher Ämter im Vergleich zu ihren

Vorgängern in der Monarchie oder der Weimarer Zeit, von den entfesselten Figuren im Dritten Reich ganz zu schweigen, gewissermaßen von Persönlichkeiten »light« wahrgenommen werden, und so nimmt man auch einen 30-jährigen Abgeordneten oder Landrat in Kauf.
Lange vorbei ist die Zeit der preußischen Landräte, die streng aber gerecht und unparteiisch ihren Dienst versahen. Strenge passt nicht zur Wellness-Gesellschaft und wenn schon der Ministerpräsident die Devise »locker vom Hocker« ausgibt, soll dann der kleine Inspektor sich für das Gemeinwohl verkämpfen? »Lieber eine leicht verlotterte Demokratie als eine stramme Diktatur«, denkt sich so mancher. Gleichwohl gibt es zwischen Gewaltherrschaft und Schlamperei noch etwas mittleres, nämlich den Rechtsstaat, der aber nicht verhindern kann, dass manche gleicher als die anderen sind.
Ein Landrat in Baden-Württemberg präsentiert sich in den Ballungsräumen des Landes ganz anders als im gesegneten Oberschwaben. Über Landräte dieser Region kursieren wahre Anekdoten, die anderswo wohl als Erzählungen über orientalische Kalifen angesehen würden. Sehr sympathisch erscheint es, wenn in einem inzwischen aufgelösten kleinen oberschwäbischen Kreis das »Vorzimmer« einem Assessor, der sich zum Dienstantritt meldet, erklärt, der Herr Landrat sei gerade beim Pflügen, und der Herr Assessor solle zur Vereidigung mit dem Fahrer auf den und den Acker kommen.
Ein Kollege von diesem Kreisfürsten war eine Art »fleischgewordene Bodenständigkeit« mit Kreishymne, Kreisfahne, Kreisjugendkapelle usw. Er wusste, wo der Bartel den Most holt und hatte auch noch gute, in der Pra-

xis erworbene Kenntnisse im Mähen. Als ein Bauwilliger unbedingt einen baldigen Termin bei ihm wollte, erklärte seine gestresste Sekretärin diesem Herrn schließlich, während der Woche ginge es auf keinen Fall, aber wenn es unbedingt sein müsse, könne der Herr ja am Samstag vor das Landratsamt kommen. »Vor das Landratsamt?«, fragte dieser erstaunt, worauf die tapfere Hüterin des Terminkalenders antwortete: »Jawohl, vor das Landratsamt, da hält der Herr Landrat ab 10 Uhr einen Mähkurs ab.«

Von barockem Format war denn auch dessen Verabschiedung. Es dürfte der Anlass mit der höchsten Dichte an Orden und Ehrenzeichen pro Quadratmeter in einer Halle in der Geschichte Oberschwabens gewesen sein, was etwas heißen will. Im Übrigen war es wohl die einzige Verabschiedung eines Landrates, die fast sakralen Charakter hatte, wirkten doch vier katholische Geistliche in vollem Ornat mit.

In bester Tradition solcher Prachtentfaltung ließ sich unser Heuhofener Champion verleiten, am Dienstmercedes zu Fahrten in die Heimat und vergleichbare protokollarische Anlässe eine Standarte aufzuziehen.

Manch einer wird darob lächeln, aber irgendwann, wenn es den Landrat von der Stange gibt mit Einheitsmeinung, Einheitskleidung (BOSS) und Einheitsgesinnung, wird man sich nach diesen Urviechern zurücksehnen. So bietet dieser Beruf schon bei normalen Landräten viele Facetten, richtig bunt wird das Bild eines Landrates in südlichen Gefilden aber, wenn dieser nicht charakterfest ist und »a wenig« kriminell wird. So wie Friedrich Schiller den Sonnenwirt aus Ebersbach als einen »Verbrecher aus verlorener Ehre« schilderte, müsste man unseren Heuhofener Helden als eine Art »Verbrecher aus zuviel Ehre« bezeichnen. Dabei fing alles so gut an.

Nachdem unser Held Schule, Bundeswehr und Universität bestens durchlaufen hatte und rasch in einem Stuttgarter Ministerium reüssiert hatte, wurde er als dynamischer, kreativer, sportiver und vermutlich sogar innovativer Karrierebeamter, tüchtig, aber auch gesinnungstüchtig, zum jüngsten Landrat Baden-Württembergs in einem friedlichen, ländlichen Landkreis im Oberland gewählt.

Zunächst ging alles gut. Der junge Landrat profitierte vom Charme der Jugend und hatte ein gepflegtes Herrschaftswissen aus der Stuttgarter Bürokratie mitgebracht. Im Kreistag hatte er eine satte Mehrheit seiner Fraktion im Rücken, und die Opposition war noch sehr pflegeleicht.

Die Bevölkerung des Kreises war weit überwiegend katholisch und ausgesprochen gutartig. Ein Herr mit Schlips und Kragen, gutem Universitätsabschluss, Reserveoffizier und in Stuttgart mit der Kunst des Regierens vertraut gemacht, dazu noch rechtgläubig und lieber Familienvater hätte freilich auch in manchem Nachbarkreis imponiert. Hier aber kam hinzu, dass der Landkreis recht dünn besiedelt war. Kein Wunder, dass Staubsaugervertreter hier nachweisbar die höchsten Abschlussziffern im ganzen Bundesgebiet haben, weil die einsamen Bäuerinnen froh sind, wenn überhaupt einmal ein Mensch auf dem Hof erscheint.

Auch bei der Revolution 1848 hatten die dortigen Untertanen brilliert: In einem Dorf des besagten Kreises waren sie vor das Schloss gezogen und hatten durchaus zeitgemäß gerufen: »es lebe die Freiheit«, und als sie den Fürsten hinter dem Vorhang des Fensters herausschielen gesehen hatten, mit gleicher Inbrunst ergänzt: »und der Fierscht!« So ist's recht!

Kurzum, dieser Landkreis war und ist kein Nährboden für Eierköpfe.

Der frisch gebackene Landrat hatte die Szene denn auch rasch im Griff und war seinen Mitarbeitern und Bürgermeistern fast zu dynamisch. Man war daher nicht böse, als der Herr Landrat viel zu reisen begann. Zuerst hieß es nur, er schone seinen Schreibtisch, dann gar sein Schlafzimmer. Vielen gefiel dieser aushäusige Verwaltungsstil nicht. Andererseits war man froh, wenn er nicht da war und den Betriebsfrieden nicht störte. Dieser war durch ihn durchaus gefährdet, wenn er im Amt war. Nach Art des römischen Kaisers Caligula lebte er nach dem Motto »sie mögen mich hassen, wenn sie mich nur fürchten«. Seine ganze Liebe neben dem Reisen gehörte aber dem weiblichen Geschlecht, woran man große Herren immer erkannte. Zunächst hielt er dabei eine gewisse Diskretion ein, was aber trotz der ländlichen Kommunikationsschwierigkeiten bald publik wurde. So wurde ein harmloser Beamter einmal in einer Art »öffentlich-rechtlicher Sippenhaft« von einem Bürgermeister am Bodensee mit den Worten angeherrscht: »Was isch au mit Euerm Landrat los? Jeden Sonntag liegt er bei uns mit einer anderen im Freibad.«

Noch bekannter wurden die Besuche »unseres Landrates« in einem Lokäle am Stuttgarter Marktplatz, wo noch nie ein Heuhofener eingekehrt war. Zu vorgerückter

Stunde hieß es seitdem dort: »Platz ist in der kleinsten Toilette für ein glücklich liebend Paar.« Nun ja, wie sagte doch König Friedrich II.? »Denn hier muss ein Jeder nach seiner Fasson glücklich werden«, wobei er aber ganz andere Vorstellungen hatte.

Im Übrigen reiste der Landrat aus einer der stillsten Regionen des Landes dienstlich in ganz Europa, ja selbst in Kanada herum, und niemand meuterte. Alles lief für ihn also bestens, bis er es sich mit seinem Fahrer verdarb. So etwas können sich nur ganz korrekte Chefs leisten, weil ihr Fahrer mehr weiß als die Dienstaufsicht und viel, viel mehr, als die Ehefrau wissen darf. Für unseren Landrat erwies sich dieser Missklang als fataler Fehler – so fatal, dass damit der Anfang vom Ende des angenehmen Lebens eingeläutet wurde. Als er auch noch zweckgebundene Zahlungen der Kreissparkasse nach sehr subjektiven Maßstäben verwendete und es immer toller trieb, kam das Fass zum Überlaufen: Disziplinarverfahren, Amtsenthebung, Vollstreckung, reuige Heimkehr zu Frau und Kind, deren Gefühle man sich vorstellen kann. Schließlich ein viel beachtetes Strafverfahren.

Was das kostet, so ein paar Jahre als Serenissimus zu leben? Zwei Jahre auf Bewährung, also eigentlich gar nichts, wenn man es locker sieht. Allen, die meinen, dafür lohne es sich doch, sei gesagt: Zuerst muss man einmal so ein Amt haben, bevor man abheben kann, und zumindest sollte man sich eingehend mit Staubsaugervertretern beraten, in welcher Region man es wagen kann.

So vergeht der Ruhm der Welt, und auch in Heuhofen erinnert man sich nicht mehr gern an ihn, den einstigen Stolz des Dorfes.

Seyferles

Das Schicksal des Menschen beginnt schon vor seiner Geburt. Gene und Zeitumstände richten für jeden ein »Päckle«, an dem er meist lebenslang trägt, und nur wenigen gelingt es, die Erblast im Laufe des Lebens abzuschütteln. Ob jemand in Krieg und Verfolgung oder in Luxus und Langeweile auf die Welt kommt, wirkt sich genauso aus wie die Erbschaft der Chromosomen, und bislang ist die menschliche Evolution trotz aller Widrigkeiten doch weitergegangen.

Für die Seyferles standen die Sterne nicht günstig, als sie auf die Welt kamen. Der Vater hatte im Stroh- und Heckengäu eine Wirtschaft, die in den 30er-Jahren Bankrott ging. Rettung bot eine Stelle als Hausmeister in der benachbarten Kreisstadt, die er durch den sprichwörtlichen Vetter im Gemeinderat trotz einiger Bedenken erhielt. Seine große Familie, neben der verhärmten Frau vier Söhne und zwei Töchter, zuvor eine große wirtschaftliche Belastung, brachte ihm durch die Sozialleistungen im Öffentlichen Dienst nun eher Vorteile.

Gleichwohl gab es für die Seyferles keinen großen Willkomm beim neuen Arbeitgeber, weil der Vater nicht allen gefiel und drei der Söhne und eine Tochter offensichtlich debil waren. Die vornehme Kreisstadt wies ihnen als Wohnort deshalb 1937 ein »frei gewordenes Judenhaus« in Heuhofen zu. Die Toleranz gegenüber Behinderten hatte im Dritten Reich wohl den tiefsten Stand in der deutschen Geschichte, zählten die Behinderten für die Nazis doch zum »lebensunwerten Leben« und galten als unnütze Esser. Von christlichem Denken und kreatürlichem Mitempfinden war – selbst in manchen Behinderteneinrichtungen – damals wenig zu spüren.
Den Ungeist der Zeit erfuhren daher auch die Seyferles. »Fast alles Rauschkinder«, hieß es im Dorf, womit der alte Aberglaube zum Ausdruck kam, nach dem betrunkene Eltern behinderte Kinder zeugen. Wäre dem wirklich so, sähe es in manchen Landstrichen wahrlich bös aus. Richtig aber war, dass die Seyferles in ihrer Wirtszeit ihren Kindern, wenn sie quengelten, ein so genanntes Schnapsbudele gaben, das heißt einen Lappen in Schnaps tränkten und diesen am Milchfläschchen vorn befestigten, was sich mit Sicherheit auf das Nervensystem der Säuglinge und Kleinkinder verheerend auswirkte.
Herangewachsen, wurden die drei behinderten Buben Knechte, die geschädigte Schwester Magd, und die gesunden Kinder arbeiteten in der Stadt als Bäcker und Verkäuferin und galten als tüchtig.
Noch spielte im ländlichen Raum die Landwirtschaft eine große Rolle und gab jedem Arbeitswilligen auch eine Möglichkeit zu arbeiten, wenn auch der Verdienst meist

nur in bescheidener Kost und Logis und ein paar Mark auf die Hand an Martini bestand. Die Landwirtschaft konnte jede helfende Hand brauchen; melken und misten kann man auch ohne Abitur, und die greisen Urgroßeltern passten auf die Urenkel auf, wenn die Eltern und die Kinder aufs Feld gingen. Dies war die letzte Zeit, wo es für jeden ein »Geschäft« gab und Arbeitslosigkeit auf dem Lande unbekannt war. Im High-tech Zeitalter unserer Tage steigt hingegen der Stellenwert der Technik und nicht der des Menschen. Der Unqualifizierte oder eingeschränkt Begabte ist für die technokratischen Planer gar nicht vorhanden und von einem hohen Wirtschaftsführer gar zum »Wohlstandsmüll« erklärt worden.

Eine Zeitung formulierte gar, das Problem der Zukunft werden die Dummen sein, die auf Dauer wohl nur noch als Verbraucher benötigt werden, wofür man ihnen aber auch etwas »Knete« zur Verfügung stellen muss. Das kann als »eisernes Lohngesetz der Moderne« bezeichnet werden.

Die Kälte der modernen Welt erlebten die Seyferles zum Glück nicht mehr. Die noch christliche Grundhaltung der Heuhofener tolerierte sie, zumal sie dem Staat nicht auf der Tasche lagen – der schlimmste Vorwurf, den man in Württemberg einem Menschen machen konnte.

Mit steigendem Wohlstand nach dem Krieg entspannte sich das soziale Leben auch in Heuhofen, und nachdem die anderen Bevölkerungsgruppen versorgt waren, nahm man sich in der ganzen Bundesrepublik auch der Behinderten an. Als letzte ihrer Familie hausten in den 80er-Jahren s'Hermännle und seine Schwester Lina im alten Quartier an der Hauptstraße von Heuhofen. Lina

führte den Haushalt und s'Hermännle wurde zu einer wohlgelittenen Person im Dorf, die überall dabei war. Mit groben Schuhen, einer alten schwarzen Hose, braunem Kittel und einer blauen Schildkapp, wie sie in den 40er- und 50er-Jahren noch Mode war, lief er durchs Dorf, kannte alle und wurde von allen gekannt. Für niemand war er eine Bedrohung, hatte keine Aggressionen und war psychologisch für niemand eine Gefährdung, sodass den Harmlosen jeder leiden konnte. Während der »Dorftrottel« früher immer auch mit Spott behandelt wurde, gab es für das Hermännle allenfalls wohlwollenden Spott, wenn er eine Frage auf seine Weise beantwortete.
Eine Besonderheit beim Hermännle war, dass er fast keine Zähne mehr hatte, was bei ihm weniger verwunderte als bei Peter Härtling, dem großen Dichter. Oraldental lief dieser lange genauso herum und war keineswegs ein »Zeuge Seehofas«, wie man die Opfer der Reformen von Minister Seehofer benannte, die von der Kasse keinen Zahnersatz mehr bekamen. Wenn zwei das Gleiche tun, ist es eben nicht dasselbe.
Existenzen wie s'Hermännle gab es durch die Jahrhunderte. Ein bemerkenswertes Zeichen unserer Zeit ist, dass sie Randfiguren immer weniger toleriert. Ein anderer Heuhofener, der vor Jahren noch mit roten Backen beim Fasnetsumzug Trompete spielte, kam wegen Depressionen in die Klinik und wurde therapiert, das heißt mit Psychopharmaka vollgestopft. Am ganzen Körper aufgedunsen, zeigte er sich im Dorf bei einem Kurzurlaub und erschreckte seine Bekannten durch seine Teilnahmslosigkeit. Seither ist er für die »Lieben zu Haus« entsorgt und mit Medikamenten psychisch so immunisiert, dass er

weder Positives noch Negatives wahrnimmt und ohne Umstände bedienungsfreundlich, »satt und sauber« wird.
Viele Jahre zog s'Hermännle noch durchs Dorf. Bemerkenswert war, dass er die inzwischen entstandene moderne Siedlung mied und seine ziellosen Gänge auf das alte Dorf beschränkte. Seine besonderen Freunde waren die Kinder. Sie verspotteten ihn nicht und lachten nicht über seine unbeholfene Sprache. Selbst die Hunde an den Straßen des Dorfes kannte er alle, und manche ließen sich gar von ihm streicheln, was für beide Therapie war.
Bald nach seinem Tod starb auch seine Schwester Lina. Das Haus wurde zur Verbreiterung der Hauptstraße abgebrochen, und nur die alten Heuhofener wussten, dass hier einmal das Haus der Seyferles stand, dessen Bewohner zu den lebendigen Wahrzeichen des Dorfes gehörten, dieses nicht schmückten, aber menschlich machten.

Hochwasserschutz à la Heuhofen

In Heuhofen, dem trauten württembergischen Dorf, kann man alle architektonischen und sozialen Wunden sehen, die seit 1945 den württembergischen Dörfern zugefügt wurden. Diese sind im Lande so verbreitet, dass sie den Bewohnern unserer Gemeinden nicht mehr auffallen, weil die Dorfentwicklung überall recht »nette« Dörfer und Ortsdurchfahrten hervorgebracht hat.

Die Eingemeindungswelle der frühen 70er-Jahre hatte Heuhofen schadlos überstanden, obwohl damals nicht einmal ein hochmögender Landtagsabgeordneter in dieser schönen Gemeinde gewohnt hatte. Das ausgeprägte »Wir sind wir«-Gefühl, verbunden mit einem hohen Selbstwertdenken, dem »Heuhofener Krattel«, wie die Nachbarn spotteten, hatte diese kommunalpolitische Sterilisation an Heuhofen vorbeigehen lassen – sehr zum Segen von Ort und Bürgern.

Bis in die 80er-Jahre hatte der Ort auch noch einen Bürgermeister alter Art, Josef Deutschle mit Namen. Er war freilich kein vom Recht abgehobener, oder gar, wie Spötter damals meinten, »ein vom Recht befreiter Bauraschultes« mehr, sondern auf der Verwaltungsschule mit Recht und Gesetz vertraut gemacht worden. Es hieß, er sei in den Klausuren immer wieder mal mit dem Rechtsdenken der Juristen in Konflikt geraten. Jedenfalls hatte er zwar auch juristische Gesetze und Kommentare im Rathaus, entschied aber vieles noch »nach dem Bauch«, der bei ihm auch noch für sperrige Probleme ausreichend groß war.

Die ständig größer werdende Einwohnerzahl seiner Gemeinde war ihm im Grunde gar nicht recht. So wachsen, dass er in eine höhere Besoldungsstufe käme, konnte Heuhofen, wenigstens zu seiner Amtszeit, nicht mehr. Den Zuzüglern stand er sehr skeptisch gegenüber und meinte, ab 2.000 Einwohnern verliere man als Schultes die Übersicht und kenne nicht mehr alle »Lumpen« im Dorf.

Typisch für Josef Deutschle war deshalb seine 3½ zu 3½-Formel, die er für unliebsame Baugesuche entwickelt hatte. Auswärtigen Bauantragstellern, die am Telefon wissen wollten, wie der Gemeinderat über ihr Baugesuch entschieden habe, erwiderte er lakonisch, es sei 3½ zu 3½ ausgegangen, was die Bauherren immer verwirrte und fragen ließ, wie man den Entscheid auf 4 zu 3 ändern könne. »Ja«, meinte der Bürgermeister, »ich habe mich enthalten und bei einer Spende von so 2.000 DM für einen Dorfbrunnen kann ich mir eine positive Entscheidung doch noch vorstellen.«

Einmal aber geriet er an den Falschen. Ein humorloser Stuttgarter prangerte das »Heuhofener Landrecht« in der Zeitung an, und selbst der SWR griff den Fall auf.

Deutschles Verteidigung, er habe mit dieser Methode schon über 60.000 DM »freies Geld« für die Gemeinde eingenommen, machte alles nur noch schlimmer.
Ähnlich eigenwillige Verfahrensweisen entwickelte der Heuhofener Schultes, als er versuchte, den Hochwasserschutz um eine neue Komponente zu bereichern. Deutschles Bemühungen erlangten sogar landesweites Aufsehen. Seit der knappe Baugrund auch zur Bebauung der Talauen verleitete, ist das Hochwasser gleichsam ein Statussymbol und fast jede Gemeinde hat heute »ihr« Hochwasser. Obwohl man in Heuhofen bei der Bebauung vorsichtig war, hatte zu Zeiten Deutschles ein »Jahrhunderthochwasser« – nach heutigem Sprachgebrauch etwa jedes zweite – einen beträchtlichen Schaden angerichtet. Deutschle stellte in einem langen Brief an das Wasserwirtschaftsamt den Schaden dar und bat um die vom Ministerpräsidenten wiederholt angekündigte schnelle und unbürokratische Hilfe. Zum Erstaunen des Wasserwirtschaftsamtes wies er dann darauf hin, dass der beste Hochwasserschutz in Heuhofen immer noch der Heilige Nepomuk gewesen sei. Während der Laufzeit seines Hochamtes sei es daher in Heuhofen nie zu einem Hochwasser gekommen. Er, Deutschle, stelle somit den Antrag, das Wasserwirtschaftsamt möge die Kosten für die Erneuerung des Hochamtes übernehmen. Ein sakraler Hochwasserschutz habe sich als wirksamer erwiesen als alle modernen Maßnahmen, weshalb er schon aus Kostengründen vorzuziehen sei.
Der Leiter des Wasserwirtschaftsamtes kannte Deutschle als manchmal kuriosen Menschen, aber er achtete den Schultes auch. So machte er zunächst mit dem Schreiben

des Bürgermeisters eine »summarische Schlüssigkeitsprüfung«. Aber der Brief datierte nicht vom 1. April und auch nicht aus der Fasnet und war offensichtlich ernst gemeint. Der Amtsleiter alarmierte die Registratur, ob es vergleichbare Fälle in diesem Jahrhundert schon gegeben habe, doch diese meldete nach zwei Tagen erschöpft »Fehlanzeige«.

»Ja, so etwas, wenn ich das dem Regierungspräsidium melde, glauben die womöglich, wir würden im finsteren Mittelalter leben. Andererseits kann ich dem Deutschle doch nicht dartun, der Hochwasserschutz durch Hochämter für Heilige sei unzweckmäßig und könne nicht finanziert werden, auch wenn er billiger sei als Dämme. Das gibt ja womöglich einen neuen Kulturkampf zwischen Staat und Kirche. Was wirkt besser: Heilige oder Sandsäcke? Oh heiliger Sankt Nepomuk, wo gibt's denn so was? Das könnte ja furchtbar werden – der Deutschle ist aber auch ein Kamel, so was spricht man doch ab, bevor es aktenkundig wird.«

Sein Assessor, der geduldig zugehört hatte, wie sein Chef sich ängstigte, sagte ruhig: »Vor fünfzig Jahren wäre dieser Fall viel schwieriger gewesen, doch heute sage ich nur ›Multikulti‹ und Karlsruhe, Karlsruhe!«

»Bundesverfassungsgericht?« fragte der Direktor des Wasserwirtschaftsamtes, der bei seinen Aufgaben noch nie vom Bundesverfassungsgericht beeinflusst worden war. »Genau«, sagte der Assessor, »denken Sie an die Entscheidung über das Kruzifix in öffentlichen Räumen. Ich schlage vor, wir antworten diesem Deutschle: ‚Unabhängig von den Schwierigkeiten durch die gegenwärtige Haushaltslage verbietet sich die Finanzierung des beantragten Hochamtes aus dem Gesichtspunkt der Neutralität des Staats in Fragen der Weltanschauung und Religion gerade in unserer multikulturellen Gesellschaft...'«

»Das wird den Deutschle begeistern«, unterbrach ihn der Direktor, »aber im Grunde haben Sie Recht. Es würde ein Berufungsfall geschaffen, auf den sich mit gleichem Recht Mohammedaner oder Anhänger afrikanischer Gottheiten berufen könnten. Dies kann nicht rechtens sein, und vor allem nicht bei uns in Heuhofen!«

»Und da schreiben wir noch hinzu: Entgegenkommenderweise ist das Wasserwirtschaftsamt bereit, in Heuhofen eine Nachschau zum Hochwasserschaden vorzunehmen, um zu klären, ob die Hochwassersituation in Heuhofen mit weltlichen Mitteln verbessert werden kann.«

Sein Chef war mit dieser Lösung noch nicht zufrieden und meinte abschließend: »Für manche Leute würde das ausreichen, aber für Deutschle braucht es noch einen gewissen Pfiff. Wir werden ihm schreiben, dass wir in Heuhofen ausnahmsweise eine Doppelstrategie für angebracht halten: Erhöhung der Dammkrone um einen Meter, Weihe des neuen Damms durch den Ortspfarrer, und für das ersparte Hochamt prüfen wir, ob es für eine Feier aus Anlass des erhöhten Dammes verwendet werden kann.

Dann kann jeder sich aussuchen, worauf er vertrauen will, und man hockt wieder einmal gemütlich zusammen.«

Der »mündige Politiker«

Heuhofen wäre gern eine Insel im Strome des Zeitgeistes gewesen. Aber auch wer die virtuelle Welt des Internet verschmäht, wird sich den Segnungen des Informationszeitalters kaum völlig entziehen können. Gäbe es noch Einsiedler, wer weiß, ob diese nicht für alle Fälle ein Handy mitnehmen würden. Die großen Töne im 20. Jahrhundert waren daher auch im idyllischen Heuhofen zu hören.

Für »Kaiser, Gott und Vaterland« zogen die Heuhofener in den Ersten Weltkrieg und für »Volk, Reich und Führer« in den Zweiten.

In der Bundesrepublik waren die Parolen nicht mehr kriegerisch, aber auch nicht wirklichkeitsgerecht. Der »Bürger in Uniform« blieb eine schöne Traumvorstellung.

Auch »Wohlstand für alle«, die These Ludwig Erhards, konnte nicht überzeugen, es sei denn, man verstehe unter Wohlstand einen Volkswagen und eine Etagenwohnung. Der »mündige Bürger« der 70er-Jahre blieb eben-

falls Fiktion. Wie eh und je suchten die Bürger nur ihren Vorteil vom Staat und verweigerten ihm nach Möglichkeit die Erfüllung ihrer Pflichten. Die Bürgernähe der 80er-Jahre gaukelte den Menschen im Lande vor, die Politiker würden sich für mehr als ihre Stimme interessieren. Stattdessen verursachte die Bürgernähe viel Geräusch und Klimbim auf allen politischen Ebenen.
Nicht nur den Heuhofenern grauste es über ihre Volksvertreter. Sie entsprachen in Bund, Land und Gemeinde alle einem Typ, den die blitzgescheite Marie von Ebner-Eschenbach schon mit den Worten geschildert hatte: »Die Erfolge des Tages gehören der verwegenen Mittelmäßigkeit«. Jeder kennt diese Erfolgsmenschen von der Wahl der Elternvertreter an den Schulen oder von Vereinsversammlungen.
»In den Heuhofener Kirchengemeinderat würde man diese Sorte Mensch nicht hineinwählen«, meinte ein erbitterter Heuhofener, der aus einer altansässigen Familie stammte, die schon etliche Bürgermeister und Gemeinderäte hervorgebracht hatte. Dieser zornige junge Mann, man nannte ihn bald den Rebellen, hatte sogar studiert und war nicht nur mangels Versuchung sehr seriös, weshalb ihn seine Freunde halb bewundernd, halb spöttisch »Innozenz, den Unschuldigen« nannte. Dieser Name ziert zwar manchen Papst, ist im weltlichen, vor allem im politischen Leben aber nicht so leicht zu erwerben. Auf alle Fälle war Inno charakterlich sehr in Ordnung, wofür man in diesem unserem Lande bald auch einen Entschuldigungsgrund beibringen muss. Der Rebell war keineswegs zurückgeblieben, sondern hatte die Werte in seiner Erziehung ernst genommen, während viele sie

nicht einmal zur Kenntnis nahmen oder nach dem Motto »Tugend bringt nichts ein, dann lasse ich's gleich sein« schnell verwarfen.
Er aber strebte Demokratie pur an und sagte, er wolle doch wissen, ob man diese beste aller schlechten Staatsformen nicht auch etwas anders praktizieren könne als heute üblich. »Mündige Politiker« müssten her, die das Gemeinwohl vertreten würden und über den Wahlkreis hinaus das große Ganze im Auge behielten. Mit der Politik des »Wischiwaschi« und der Begünstigung Einzelner müsse Schluss sein und es müsse vor allem auch eine klare Sprache gesprochen werden, die vor Tabus nicht Halt mache. Die Aufklärung pausiere nun schon 200 Jahre und brauche einen neuen Schub. Die Informationen im Informationszeitalter dürften nicht nur aus Börsenkursen und Werbung bestehen.
Konsequenterweise gründete er außerhalb seiner Partei noch den »Verein für rationale Politik«, der überparteilich Impulse geben sollte. Von einigen Studenten und seinen engsten Freunden abgesehen, trat diesem Idealverein aber kaum jemand bei, da die Menschen draußen im Lande sich fragten, wo ihr Vorteil bei diesem Verein zu sehen wäre.
Ähnlich erging es damals den Verfechtern des »Verfassungspatriotismus«, einem auf die Grundordnung gestützten »Patriotismus ohne Hurra«, der außerhalb des Verfassungsgerichts kaum Anhänger fand. Bei der Vorbereitung des Wahlkampfes tat sich unser Heuhofener Musterkandidat sehr schwer. Er lehnte alle Spenden ab und finanzierte alles selbst, was seiner Partei sehr genehm war, aber schon bei seiner Frau auf Bedenken stieß.

Mit Bedauern und großer Skepsis merkten seine Parteifreunde, dass er nicht einmal lügen konnte und in Detailfragen manchmal sogar dem politischen Gegner Recht gab.
In Grundsatzfragen machte er hingegen von seinem Gewissen Gebrauch, wie es die Verfassung vorsieht, was sich aber angesichts der »Sachzwänge«, »Fraktionszwänge«, »Haushaltszwänge« usw. als recht unzweckmäßig erweist. Steht doch die Meinung der Partei im Vordergrund der Medien, und die Spitzenpolitiker gehen davon aus, dass die Abgeordneten die erlernten politischen Sprüche nur noch in den Regionen zu kolportieren haben, was der Heuhofener nur sehr unwillig einsah.
Vergeblich wetterte Inno auch immer wieder gegen den Zeitgeist, der nach Goethe ja der Herren eigener Geist ist. Zwar gilt es bei den Politikern als chic, Kierkegaard zu zitieren, der behauptete, wer sich mit dem Zeitgeist vermähle, werde rasch Witwer. Freilich macht man von dieser Einsicht nur als Zitat Gebrauch. Sieger im politischen Kampf bleibt vielmehr, wer dem Zeitgeist am besten entspricht, und dies ist in der Regel, was kurzfristig wirtschaftlich am meisten Vorteil bringt.
Kompromisse waren jedoch nicht die Stärke des »Rebellen von Heuhofen«, wie ihn manche halb spöttisch halb bewundernd bezeichneten.
Auch seine Anhänger waren allmählich von seiner unerbittlichen Konsequenz beeindruckt und erschüttert zugleich. Manche unkten gar, er habe Robespierre zum Vorbild und plane eine Diktatur der Tugend. Schon wurde die Parole ausgegeben, es gehe nicht um eine Bischofswahl, sondern um die Wahl des Landtages. Bei den klei-

nen Brötchen, die in Stuttgart noch zu backen seien, brauche man keinen politischen Starkonditor.
Andere fürchteten, dass man mit diesem trotz seiner Naivität hochintelligenten Menschen nach der Wahl nicht richtig werde »schaffen« können, lehne er doch »Handbalsam« in jeder Form ab und sträube sich schon gegen die Gewährung reiner Gefälligkeiten.
Noch tröstete sich unser lauterer Heuhofener bei allen Angriffen mit dem Bibelspruch »Der Gerechte muss viel leiden«, da wurde ihm einmal lakonisch entgegengehalten, »weil er so böse ist«.
Als dann der politische Simplicissimus gar noch verkündete, er habe nicht vor, am Wochenende Grillparties und Waldfeste zu besuchen, der Sonntag diene der Familie, der Lektüre und der Gewinnung von Abstand zum Alltagsgeschäft, da kam es zu einem Aufstand im Parteivolk: »Ja, was will der eigentlich? Große Gedanken und nichts schaffen? Wir brauchen doch keinen Philosophen, sondern jemanden, den man einsetzen kann, wenn man ihn braucht.« Selbst Besonnene meinten: »Was nützt der beste Kandidat, wenn ihn niemand wählt?«
Seine Kandidatur wurde gekippt, »bevor alles durcheinander kommt«, wie es hieß.
So wurde das Modell des »mündigen Politikers« und der »reinen Demokratie« nie in der Praxis erprobt. Schade drum!
Innozenz aber kam schließlich zu der Einsicht, dass unter dem Druck der objektiven Verhältnisse in der Demokratie schlussendlich, wenn auch viel zu spät, das Notwendige gemacht wird, weil es gemacht werden muss.
Dazu sind aber weder Robespierre noch der Heuhofener

Innozenz erforderlich. Man muss nur unter aller politischen Verpackung und dem ganzen Lärm der Medien das Wichtigste herausfiltern. Dazu braucht man in Deutschland aber nicht 17 Parlamente und rund 2.500 Berufspolitiker, zumal die Wirtschaft heute den Politikern sagt, was zu geschehen hat. Zu dieser Erkenntnis ist sogar der Altministerpräsident Lothar Späth gekommen, der inzwischen so weit geht zu behaupten, dass die Politiker nur noch von sich selbst ernst genommen werden. Ob diese Entwicklung aber auch so vorgesehen war?

Gaddafis Sandschieber

In der Eishockeyszene gehört das Rempeln und die Raubeinigkeit fast zum guten Ton. Dennoch erregte es vor ein paar Jahren gewaltiges Aufsehen, als ein westdeutscher Eishockeyverein bekannt gab, er ließe sich jetzt vom libyschen Staatspräsidenten Gaddafi sponsern. »Wie kann man auch, wie kann man nur?«, meinten allwärts die Heuchler, »Sponsoring von einem Mann, der Amerika hasst und womöglich nicht ganz richtig im Kopf ist?« Zum Glück wird in Deutschland noch nicht jeder, der an den USA etwas auszusetzen hat, gleich für verrückt erklärt, aber unter dem Druck der veröffentlichten Meinung brach erst das Sponsoring und dann der Verein zusammen, obwohl die »PR-Fritzen« es sicher gut gefunden hätten, wenn ein Wüstensohn die Kultur auf dem Eis gefördert hätte.

Weniger heikel sah Eddy Pfleiderer, Bau-, Abbruch- und Fuhrunternehmer in Heuhofen, den libyschen Diktator. Er hatte gerade einen Konkurs seiner Betriebe nach den Grundsätzen des betrügerischen Bankrotts form- und stilgerecht hinter sich gebracht, saß im Kanton Glarus und war bereit, zu neuen Ufern aufzubrechen. Als er erfuhr, dass es in Libyen warm aus der Wüste käme, war er sofort alarmiert. Freilich ging es nicht um Gold oder Öl, sondern der große Zampano suchte qualifizierte Unternehmer für Erd- und Straßenarbeiten in der libyschen Wüste zu bemerkenswert attraktiven Bedingungen. Noch immer hatte Eddy ein paar treue »Kanalarbeiter«, die ihm blind folgten oder mangels Alternative mitgingen.

Eddy und seine Leute legten sich ins Zeug und ihr Prunkstück war der Bau einer Straße quer durch die Wüste. Im Übrigen waren sie gar nicht so pingelig und schoben den Sand so zurecht, wie man es eben wünschte. Ob aus den Sandschiebereien letztlich eine Parfümfabrik wurde, wie es einmal offiziell hieß, oder eine Giftgasanlage, wussten sie nicht und fragten auch nicht. Sand ist Sand, cash ist cash. Cash gab es viel, zumal de facto auch keine Steuer anfiel. Fröhlich und gut bei Kasse kehrte seine Mannschaft zurück. Merkwürdig war nur, dass der Boss, Eddy selbst, nicht mitgekommen war. Rasch sprach sich in Heuhofen herum, was sein Rechtsanwalt und Steuerberater versehentlich ausgeplaudert hatte. Er rechne erst in frühestens fünf Jahren mit ihm, da dann der ganze Kladderadatsch von seinem Bankrott und den Steuerhinterziehungen verjährt sein würde.

Eddy war aber nicht untätig. Wie der berüchtigte Herzog Ulrich von Württemberg hetzte er nachts durchs Land. Regelte mit seiner Frau, die sich schon lange über nichts mehr wunderte, die Erbfolge, klärte mit alten Gefährten dies und das, erkundigte sich nach dem »Stand der Verjährung« und zog sich nach den nächtlichen Fahrten wieder in die Schweiz zurück. Dort handelte er über einen Broker zur Unterhaltung ein wenig mit Sojabohnen und Schweinebäuchen an der Warenterminbörse in Chicago. Doch nur langsam, viel zu langsam, gingen die fünf Jahre herum und erfindungsreich wie er war, kam er auf eine Idee, seinen unfreiwilligen Urlaub im Kanton Glarus abzukürzen, als er erst zwei Jahre dort verbracht hatte. »Der Tod ist doch eine Erlösung, sagt man«, meinte er zu seiner Gefährtin in Sand und Seide, die nicht ohne ernsthafte Absichten auf sein Erbe zu ihm gehalten hatte. »Ja, wie meinst du denn das?« fragte die treue Elvira, der Unheil schwante. »Nun«, fuhr Eddy fort, »ich könnte ja nur virtuell beerdigt werden, dann rauscht der Eddy mit allen Rechtsfolgen in die Grube und wir können ganz unbeschwert in die Karibik«. Elvira, die von ihrer Kölner Heimat anderes gewöhnt war, als der Kanton Glarus bieten konnte, war begeistert, fiel ihm um den Hals und rief »Auf ein Neues!«

Zuerst dachte man an eine Scheinbeerdigung in Köln. Aber sie fanden noch einen höheren und nervenschonenderen Grad der Virtualität, nämlich Eddys Tod als reines Medienereignis. Mit größter Verwunderung stellte in Heuhofen nicht nur seine Ehefrau, die auf den Witwenstand noch gar nicht gefasst war, fest, dass in der »Stuttgarter Zeitung« und, wie sich rasch herausstellte, auch in der »FAZ«, der »Welt«, der »Süddeutschen«, ja sogar der »Frankfurter Rundschau« der liebe Eddy nach langer Krankheit sanft entschlafen war und die Einäscherung im engsten Freundeskreis stattgefunden hatte, wie Elvira für alle seine Freunde bekannt gab.

Auf dem Finanzamt, bei der AOK und der Staatsanwaltschaft schloss man die Akten mit einem resignierten »Dann war das auch wieder nichts«. Immerhin war deutlich geworden, warum Beamte im Dienst Zeitung lesen müssen.
Von Stund an hielt sich aber das Gerücht in Heuhofen, vor allem unter seinen ehemaligen Mitarbeitern, diese Beerdigung sei wohl nur vorgetäuscht gewesen und eines Tages käme Eddy wieder zurück und dann gehe es erst richtig los.
So wartete, angeführt durch seinen Steuerberater, ganz Heuhofen auf das Ende der Verjährung, wäre er im Lande doch nicht der Erste gewesen, der nach der Verjährung seiner Missetaten wieder aus dem Orient zurückgekommen ist. Es kam der mit Spannung erwartete Tag, aber wer nicht kam, war Eddy. Seine ehrbare Witwe konnte damit gut leben. Enttäuscht waren seine früheren Kumpel und Mitarbeiter, die sich immer wieder in der »Krone« zusammenfanden. Der Vorarbeiter Heinz brachte es einmal auf den Punkt, als er resigniert formulierte: »Heit ka mer sich auf gar nex meh verlasse, jetzt ischt der Eddy scho a halb Johr länger tot als er müsst, ha, jetzt müsstet ehm doch au d' Ohre klingle.«
Aber bei diesem klingelte es nicht. Er hatte seine Pläne völlig geändert und lag mit Elvira an einem schönen Sandstrand der Dominikanischen Republik, war recht abgeklärt und meinte schmunzelnd zu seiner getreuen Gefährtin: »Wer für Gaddafi Straßen baut, hat noch lange nicht auf Sand gebaut!«

Geld aus – Liebe aus

Das Leben der Frau in einem Dorf wie Heuhofen war bis zur völligen Mechanisierung der Landwirtschaft in den 50er- und 60er-Jahren des letzten Jahrhunderts eine endlose, meist auch recht freudlose Plackerei. Im 19. Jahrhundert starben dementsprechend die Frauen noch vor den Männern und die letzte Diagnose war meist: »z'sammgschafft«!

Heute kann man selbst am helllichten Werktag Bäuerinnen vormittags auf dem Tennisplatz sehen und die einst so strengen Sitten und Gebräuche sind – von Resten an kirchlichen Feiertagen abgesehen – fast völlig verschwunden.

Pendler, Zugezogene und der Einfluss des Fernsehens haben das schwäbische Dorf in einer Weise der Welt geöffnet, wie man es noch vor fünfzig Jahren nicht für möglich gehalten hätte.

Die Welt des »des tut man« und »des tut man net« ist, wie die Volkskundlerin Christel Köhle-Hezinger zutreffend feststellt, zu einem »man sott – scho nemme« geworden.

Wer halbwegs den Rahmen wahrt, kann deshalb auf dem Dorf genauso seinen Sünden frönen wie in der Stadt.
Für den strengen Geschmack der Heuhofener etwas zu weit ging aber die Beziehung der Heuhofenerin Leni Raible mit einem jungen Asylanten. Leni gehörte nicht dem Ortsadel an, ihre elterliche Familie zählte zu den ärmsten im Dorf, und der Vater lebte als Rentner gar in einem Häusle, das von Alters her als Armenhaus bezeichnet wurde. Die junge Raible war auf der Hauptschule gewesen und danach Bäckereifachverkäuferin geworden, ein Beruf, der finanziell wenig einbringt, aber, wie sie realistisch meinte, »besser als nix« ist, und besser als nix war auch ihr Freund Peter.
Als Leni schwanger wurde, heiratete sie Peter, einen Daimler-Arbeiter aus Heuhofen, und bezog eine Wohnung im Haus der Schwiegereltern, die mit dieser Ehe gar nicht einverstanden waren. Schließlich hatten sie »ebbes«, und Leni brachte nichts dazu, von dem kleinen Kind abgesehen, das ihnen mit seinem Geschrei Tag und Nacht vergellte.
Der Stand der Ehe war für Leni daher nicht weniger trüb als die Zeit davor. Ihr Ehemann schichtete, brachte gutes Geld nach Hause, hielt aber im Zweifel zu seinen Eltern und wäre nicht der kleine Andreas als »des Glückes Unterpfand« gewesen, wäre die Ehe wohl bald auseinander gegangen.
In der Nachbarschaft lebten damals junge Asylanten in einem provisorischen Heim, die durch ihr gesetzliches Arbeitsverbot und die soziale Isolierung zwangsläufig mehr oder weniger den ganzen Tag herumlungerten, was ihre Situation in den Augen der Heuhofener verachtens-

wert machte und ihre Integration völlig verhinderte. Dennoch wagten sich Einzelne immer wieder ins Dorf hinein und versuchten sich da und dort auch nützlich zu machen. Ein junger Iraker unter ihnen half einer jungen Heuhofenerin gar einmal, ihren Kinderwagen in den Bus zu heben, was ihm einen freundlichen Dankesblick der Mutter einbrachte, der ihm den Tag verzauberte. Immer wieder begegnete in der Folge der junge Iraker, den wir Jussuf nennen wollen, Leni beim Einkaufen oder auf der Post. Er und Leni fanden sich sympathisch und spürten die unerfüllten Wünsche beim Anderen.

Einmal schloss er sich ihr bei einem Spaziergang mit Andreas im Kinderwagen an, was den Dörflern schon zu weit ging, obwohl er damals noch nicht zu weit ging. Durch die Schichtarbeit des Ehemannes begünstigt, reifte die Romanze heran und bald bildeten Jussuf und Leni ein Liebespaar. Jussuf, der, wie manche im Dorf meinten, einen Hauch von Omar Sharif hatte, lebte auf, und auch Leni erblühte wie nie zuvor. Ihre Umgebung in Heuhofen aber wurde immer frostiger und das Leben im Haus der Schwiegereltern war unmöglich geworden.

Wie der Zufall es wollte, erbte Leni damals von einer Tante 80.000 Mark, kaufte einen gebrauchten Golf und machte sich mit Jussuf auf und davon. Es überkam sie wie ein Rausch, und die Tage und Nächte vergingen wie im Flug. Sie lebten in schönen Hotels, kauften Garderobe und lebten streng nach der globalen Devise »don't worry, be happy«.

Doch das Schicksal schreitet schnell. Bei dem Versuch, in Baden-Baden im Casino die zu Ende gehende Barschaft aufzubessern, verlor sie den Rest ihres kleinen Vermögens und Jussuf dazu, der behauptete, wegen seines Asyls nach Basel zu müssen, von woher er aber nie wieder auftauchte.

Leni aber saß traurig an der Oos und dachte, was umgekehrt schon so viele verlassene Männer über ihre Frauen dachten: Geld aus – Liebe aus. Sie beschloss, in Heuhofen zu Kreuze zu kriechen und arrangierte sich auch halbwegs mit ihrem Mann. Der kleine Andreas war froh, seine Mutter wieder zu sehen, aber der Hass der Schwiegereltern über »dieses Mensch« war unversöhnlich. So etwas tue man nicht und sie habe Schande über das Haus gebracht, basta. Sie waren Spießbürger, die vielleicht bereit gewesen wären, einen verlorenen Sohn wieder aufzunehmen, aber von einer verlorenen Schwiegertochter stand nun einmal nichts im Neuen Testament.

Leni resignierte und dachte: »Jetzt habe ich auch einmal im Leben ein paar Wochen glücklich sein wollen, und dann gleich so ein Fiasko!«

»Das war's dann wohl«, sagte sie zum Abschied, packte ihre sieben Sachen und fuhr weinend davon. Niemand wusste, wohin. Jahre später hieß es dann, eine Heuhofenerin hätte sie als Schaffnerin in der Berliner S-Bahn gesehen und sie habe einen recht zufriedenen Eindruck gemacht.

s'Rickele

s'Rickele, wie Friederike seit frühester Jugend genannt wurde, war das fünfte und letzte Kind einer Arztfamilie in Heuhofen. Ihre Mutter Hildegard stammte aus einem alteingesessenen Bauerngeschlecht, das seit dem 17. Jahrhundert nachgewiesen war und viele angesehene Männer hervorgebracht hatte. Sie hatte – in den späten 20er-Jahren noch eine Seltenheit – in Tübingen Medizin studiert und dabei ihren künftigen Mann Werner Heitzinger kennen gelernt, der gleichfalls Arzt werden wollte. Er kam aus der Gegend von Meßkirch, wohin seine Vorfahren in vorderösterreichischer Zeit aus der Steiermark eingewandert waren.

Nach Abschluss ihrer ärztlichen Ausbildung beschlossen die Heitzingers, die noch während des Studiums geheiratet hatten und noch etwas jugendbewegt waren, keine lukrative Großstadtpraxis anzufangen, sondern aufs Land zu ziehen und in Heuhofen, Hildegards Heimatort, die erste Arztpraxis in der Geschichte des Dorfes zu eröffnen. Beide waren voller Idealismus und im Hochgefühl

der Jugend. Hildegards Vorfahren waren grundgescheite Bauern gewesen, wie man sie früher in diesem Stand nicht selten traf. Manche waren zugleich Bürgermeister gewesen, und wenn sie auch keine Fremdwörter kannten, was für viele Akademiker das Schlimmste überhaupt ist, hatten sie doch ein Gefühl für das Echte im Menschen und große Lebenserfahrung. Es ist eine Tragödie, die noch nicht geschrieben wurde, dass der einst kraftvolle und selbstbewusste Bauernstand in heutiger Zeit nur noch wenige Vertreter dieses Schlages kennt und der moderne Landwirt ein von Existenzsorgen geplagter staatlicher Subventionsempfänger geworden ist.
Auch Werner Heitzinger ging aus einer begabten Familie hervor. Die Heitzingers waren schon früh unter den Notaren zu finden. Andere waren Gymnasiallehrer oder Archivare und zwei brachten es sogar zum Professor an der Universität Freiburg im Breisgau.
Es schien, als hätte sich die Intelligenz ihrer Vorfahren bei Werner und Hildegard Heitzinger gebündelt, und es wundert nicht, dass die beiden sich viele Kinder wünschten, die im Arzthaus im schön gelegenen Heuhofen eine gute Heimstatt finden sollten.
Ein Jahr nach Eröffnung der Praxis kam Dieter zur Welt, dem ein Jahr später Franziska folgte; beide sollten später in die Fußstapfen ihrer Eltern treten und Medizin studieren. Dieter gründete eine renommierte psychosomatische Klinik auf der Schwäbischen Alb, und Franziska bekam, noch relativ jung, einen Lehrstuhl für Allergologie an der Universität Kiel. Auch das dritte und vierte Kind aus dieser Verbindung, Katharina und Norbert, hatten außergewöhnlichen Erfolg in ihrem Beruf.

Nur das letzte Kind, Friederike, s'Rickele, wurde zum Sorgenkind. In ihren ersten Lebensjahren war s'Rickele mit ihren blonden Zöpfen und blauen Augen freilich ein viel geliebtes, umsorgtes Nesthäkchen gewesen, das zunächst heranwuchs wie die anderen jungen Heitzingers auch. Als sie größer wurde, neigte sie freilich manchmal zu unkontrollierten Reaktionen, die von ihrer Umgebung aber nicht weiter beachtet wurden. Erst im Zuge der Pubertät wurde sie auffallend unruhig und gab in ihrem Verhalten den besorgten Eltern manches Rätsel auf. Schließlich fing sie an, sich nachts mit französischen Soldaten aus der Kaserne in der Kreisstadt herumzutreiben und erzählte ihren entsetzten Eltern, eine »Stimme« befehle ihr, das alles so zu tun, wie sie es mache. Schließlich mussten die Eltern schweren Herzens den Ausbruch von Schizophrenie bei ihrer jüngsten Tochter feststellen, und s'Rickele, wie sie noch immer liebevoll genannt wurde, kam mit achtzehn zum ersten Mal in eine psychiatrische Klinik. Doch wenn auch die Psychiatrie, dank der oft zu Unrecht geschmähten Psychopharmaka, inzwischen große Fortschritte gemacht hat, steht sie dem Krankheitsbild der Schizophrenie noch heute recht hilflos gegenüber. Bei Rickeles erster Einlieferung in den 50er-Jahren war die Behandlung trotz allem ärztlichen Bemühen im Grund nur eine bessere Verwahrung. Nach einiger Zeit klang bei Rickele der schizophrene Schub von allein wieder ab und sie ging sogar wieder für einige Zeit aufs Gymnasium, wo sie aber bald als Außenseiterin galt und in ihren Leistungen nicht mithalten konnte. Schon eineinhalb Jahre danach trat wieder ein Schub dieser bösen Krankheit auf, und wieder musste das arme Rickele in die Nervenklinik, von der sie nach einem halben Jahr in einem etwas reduzierten Zustand zurückkehrte. So ging es noch ein paar Mal hin und her. An einen Abschluss der Schule oder eine Berufsausbildung war nicht mehr zu denken und Rickele blieb bei ihren leidgeprüften Eltern, während ihre vier Geschwister in alle Welt hinaus gingen und Karriere machten. Lange brachte s'Rickele ihre Tage nur damit zu, am Treppenaufgang zum Dachboden auf dem Geländer zu schaukeln, während ihre Eltern der Praxis nachgingen und als gute Christen ihr Kreuz mit Fassung trugen, entwickelten sich doch ihre anderen Kinder umso besser. Nach langen Jahren stabilisierte sich Rickeles Zustand auf einem freilich sehr herabgesetzten Niveau und sie konnte sogar für kleine Besorgungen wie etwa das Einkaufen im einzigen und letzten Laden des Dorfes, Gänge zur Post oder leichte Arbeiten in Haus und Garten, herangezogen werden.

Von gelegentlichen Anrufen abgesehen, überließen die gesunden Geschwister ihre Eltern und Rickele ihrem Schicksal. An Weihnachten freilich füllte sich das Haus, wenn die Geschwister traditionsgemäß mit ihren Familien anreisten. Freudiges Lachen war dann zu vernehmen, während es übers Jahr manchmal recht still geworden war im Arzthaus. Schließlich gaben die Eltern, schon hoch in den Siebzigern stehend, die Praxis auf, nachdem sich ein junger Arzt in Heuhofen niedergelassen hatte. Immer mehr machte den beiden Alten ihre Gesundheit zu schaffen. Bei Hildegard zeigte sich das gefürchtete »Parkinson-Syndrom« und bald konnte sie sich ohne Hilfe der verbliebenen Tochter nicht mehr an- und ausziehen und musste, als das Leiden fortschritt, von Rickele auch gefüttert werden. Auch Werner wurde nach seinem achtzigsten Geburtstag, der als großes Familienfest gefeiert wurde, recht hinfällig und bedurfte ständig Rickeles Hilfeleistungen, die diese, ohne je zu murren, erbrachte. Eine ehemalige Patientin kam vormittags, um den Haushalt in Ordnung zu halten und zu kochen, und die Heitzingers durften den Dank vieler früherer Patienten erfahren, wie es auf dem Lande noch heute mancher Arzt erleben darf. Immer war ein Auto zur Stelle, wenn sie eins benötigten, und eingedenk des aufopfernden Einsatzes der Heitzingers für die Heuhofener ließ man sie auch sonst nicht im Stich, wenn es etwas zu reparieren oder sonst zu helfen gab.

s' Rickele aber wurde zur unersetzlichen Stütze ihrer Eltern im Alltag und entschädigte sie durch ihre anhängliche Hilfe im Alter für all die Sorgen, die sie ihnen in ihrer Jugend bereitet hatte.

So leben die drei nun schon seit langen Jahren in einer schicksalhaften Gemeinschaft. Jeder Tag ist für sie ein Geschenk und eine Plage zugleich, wie es bei alten Leuten eben so ist. Und wenn der Herrgott ein Einsehen hat, dann lässt er sie einmal alle drei miteinander sterben.

Der »Noske«

Wer an Dörfer auf dem Lande denkt, stellt sich meist eine Szene voll Friedfertigkeit und Behaglichkeit vor. Allein, dieses Bild trifft heute nicht zu und stimmte auch in der Vergangenheit nie, zumal die sozialen Spannungen früher viel krasser zu Tage traten. Jedes Dorf hatte und hat seine dunklen Seiten, und auch das liebe Heuhofen brachte in Vergangenheit und Gegenwart so manchen Unangepassten hervor.

Nicht alle diese Sonderlinge freilich entfernten sich so weit von den dörflichen Sitten wie Max Renz, der als Sohn eines jähzornigen Kleinbauern um die Jahrhundertwende in Heuhofen geboren wurde. Er wuchs unter schwierigsten Verhältnissen heran und entwickelte sich zu einem Hünen von fast 1,90 Meter Größe mit einem Furcht erregenden Blick, dem selbst gestandene Männer auswichen. Wie so viele seines Alters und seiner Herkunft hatte er keinen Beruf gelernt. Er trieb mit seinen Eltern mehr schlecht als recht die kleine Landwirtschaft um und arbeitete im Winter als Holzknecht im Wald.

Als dann in den 20er-Jahren der Reichswehrminister Noske sein Hunderttausendmannheer schuf, sah Max hier eine Chance, der Armseligkeit seines Elternhauses zu entfliehen und meldete sich zum Heer. Dies brachte ihm den Spitznamen »Noske« ein, den er lebenslang behalten sollte. Gerne führte er in Heuhofen seine Reichswehruniform vor und prahlte im Urlaub, er könne auf Märschen das Maschinengewehr fünfzig Kilometer tragen, ohne es abzusetzen.

Einer, der seinen Angebereien im Wirtshaus fasziniert zuhörte, war sein Schulkamerad Moritz Seyferle, der von untersetzter Gestalt und geistig nicht sehr rege war. Er war froh, dass er bei der Reichsbahn eine Stelle im mittleren Dienst gefunden hatte: Im Bahnhof der benachbarten Kreisstadt verkaufte er Fahrkarten und träumte in seinen Mußestunden davon, selbst einmal in die große, weite Welt hinauszufahren. Wie so viele Beamte war er von seinem Geschäft nicht sehr begeistert und hoffte immer auf einen Wandel, der sich, wie in den meisten Fällen, dann doch nie einstellte. Der »Noske«, das war für Moritz ein richtiger Kerl, bei dem lief halt noch etwas, auch bei den Frauen, während er schon einen großen Tag hatte, wenn er eine Fahrkarte in die Schweiz verkaufen durfte oder die Frau des Stationsvorstehers ihm freundlich zunickte.

Als nun der »Noske« aus nie geklärten Gründen – es hieß, er habe Unterschlagungen begangen – sich lange vor dem Ende seiner Dienstzeit bei der Reichswehr wieder auf Dauer in Heuhofen einfand, steckten diese beiden immer wieder im »Adler« die Köpfe zusammen und wurden auch oft draußen auf der Markung schwatzend im Grase liegend gesehen. Ganz anders als bei dem literarischen Paar von Max und Moritz ging ihr Sinn aber nicht auf »Menschen necken, Tiere quälen, Äpfel, Birnen, Zwetschgen stehlen«, sondern diese beiden bösen Buben planten etwas für die 20er-Jahre noch höchst Unerhörtes, nämlich einen Bankraub. Der »Noske«, der damals schon ein schweres Motorrad fuhr, hatte alles längst vor Ort erkundet, und alsbald überfielen die beiden Heuhofener eine Bank in Karlsruhe, erschossen den Kassierer und flüchteten mit dem Motorrad, verfolgt von der Polizei, quer durch den Schwarzwald. Seyferle sprang unterwegs ab und flüchtete zu Fuß nach Heuhofen, während der »Noske« schließlich im Wildsee-Gebiet, die Mappe mit der Beute fest an sich gepresst, von einer Übermacht an Polizisten überwältigt wurde. Anfang der 30er-Jahre wurden die beiden in einem Aufsehen erregenden Prozess, über den die Presse im ganzen Reich berichtete, zu lebenslänglich Zuchthaus verurteilt. Dies brachte für die beiden freilich das »Glück«, den Krieg im Zuchthaus verbringen zu dürfen.

Nach dem Krieg wurden sie begnadigt und kehrten in ihre Heimat Heuhofen zurück, wo man sie nicht gerade begeistert empfing. Viele Heuhofener Familien beklagten Gefallene und sorgten sich um Vermisste, und diese beiden hatten, wenn auch zu kargsten Bedingungen, den Krieg im Zuchthaus verbracht, was niemand so recht einleuchten wollte. Doch zumindest Moritz Seyferle war in den langen Jahren geläutert worden und hatte zur Religion seiner Kindheit zurückgefunden. Er ging als Müllerknecht in eine Mühle am oberen Neckar, wurde tief religiös und nie ohne Gebetbuch oder Rosenkranz in der

Freizeit gesehen. Als stiller, verschlossener Mann starb er in den 60er-Jahren und wurde in einem Dorf bei Rottweil begraben.

Der »Noske« kroch aber wieder im Elternhaus bei seinem Vater und einer ledigen Schwester unter. Die Mutter war drei Jahre zuvor an Krebs gestorben. Sofort ging eine Angstwelle durch das Dorf. »Der Noske ischt wieder do«, riefen sich die Heuhofener zu und alle warteten ängstlich, ob er sein früheres unstetes Leben wieder aufnehmen würde. Auch seine Geschäfte blieben im Dunkeln. In den ersten Nachkriegsjahren beteiligte er sich an Schiebereien über die Zonengrenze in das russische Besatzungsgebiet. Als der Eiserne Vorhang niederging und diesem Treiben ein Ende setzte, nahm er den Viehhandel auf. Immer wieder verschwand in Heuhofen und Umgebung Vieh von der Weide, und bald hieß es, der »Noske« würde das Vieh, das er handelte, selbst auf der Weide stehlen. So war sein Ruf nicht der beste und auch sein loses Mundwerk trug dazu bei, dass das Gerede um ihn nicht aufhörte. Im »Adler« faselte er gar manchmal von einem großen Coup, den man auf dem Hohenzollern durchführen könne. Die Kronjuwelen seien dort schlecht gesichert und für einen Fachmann sei es kein Problem, sie dort herunterzuholen und einem besseren Zweck zuzuführen. Die Gäste im »Adler« reagierten auf solches Gerede nicht und ließen den alten Zuchthäusler in seiner Ecke halt schmieden. Als jedoch in den 50er-Jahren die Kronjuwelen auf dem Hohenzollern tatsächlich gestohlen wurden, geriet der »Noske« als erster in Verdacht, musste aber aus der Untersuchungshaft wieder entlassen werden, als der wahre Täter ermittelt worden war. Der

Vorfall hatte aber gereicht, den »Noske« wieder in Misskredit zu bringen. Da kein Mensch so tief fallen kann, dass er nicht noch ein Restgefühl von persönlicher Ehre besitzt, weshalb man auch keinen Menschen ganz aufgeben sollte, kam »Noske« eine Idee, wie er das ständige Getuschel um seine Person abstellen könne. Er fertigte ein Schild aus weiß lackiertem Holz, hängte es an seine Haustür und schrieb mit schwarzer Schrift darauf:

»Schau auf mich,
schau auf dich,
fehle ich,
dann bessre dich.«

Diese geradezu abgründige Weisheit wurde nicht nur von allen Heuhofenern gebührend bestaunt, sondern sonntags kamen sogar Leute mit ihren Kindern von weit her, um den Spruch des berüchtigten »Noske« zu betrachten. Hätte es damals in Heuhofen schon Fremdenverkehr gegeben, so wäre das Noske-Haus noch zu einer Attraktion für die Touristen geworden. Aber es kam dann ganz anders. Anfang der 60er-Jahre starb sein hochbetagter Vater gramgebeugt und seine Schwester, auf die das Haus übergegangen war, warf ihren bösen Bruder schlichtweg hinaus. Merkwürdigerweise ließ dieser sich das sogar gefallen. Er packte sein Ränzel und wanderte an den Hochrhein. Dort fand er in einer Schokoladenfabrik eine Anstellung und arbeitete solange er konnte, da er aufgrund seiner langen Ausfallzeiten eine Rente nicht zu erwarten hatte. So war er am Ende seines Lebens doch noch ein fast bürgerlicher Mensch geworden. Obwohl die Heimat ihn nicht gerade gut behandelt hatte, zog es ihn doch wieder in die vertrauten Gefilde um Heuhofen, als er merkte, dass es mit ihm zu Ende ging. Ums Jahr 70 wurde er im Altersheim der benachbarten Kreisstadt gesehen, wo er aber alsbald starb und im Stillen beerdigt wurde.

Karl Napf
Der fromme Metzger
Heitere Geschichten aus der Provinz. 196 Seiten mit 14 Zeichnungen von Mechtild Schöllkopf-Horlacher. 36 knapp gefaßte amüsante »neue Schwarzwälder Dorfgeschichten«.

Karl Napf
Der neue Schwabenspiegel
208 Seiten mit 14 Zeichnungen von Mechtild Schöllkopf-Horlacher. Nicht ganz ernst gemeinte Betrachtungen über schwäbische Leut' von heut,' z.B. »Die Kehrwöchnerin«, »Der Daimlerarbeiter«, »Der Häuslebauer«, »Der Tüftler« und viele mehr .

Karl Napf
Der Schwabe als solcher
Eine heitere Charakterkunde. 158 Seiten mit 14 Zeichnungen von Mechtild Schöllkopf-Horlacher. Karl Napf gelingt es wieder einmal auf unnachahmliche Weise, die Facetten schwäbischer Wesensart zu beleuchten.

Karl Napf
Lieber Fiskus
Nicht nur heitere Betrachtungen eines Steuerzahlers. Mit einem Vorwort von Manfred Rommel. 160 Seiten mit 10 Zeichnungen von Mechtild Schöllkopf-Horlacher. Kurioses und Lustiges, Ärgerliches und Brisantes aus der Steuerszene. Ein neues Meisterwerk des bekannten Autors.

Karl Napf
Der Schultes
Anekdoten ums Rathaus. 126 Seiten mit 8 Zeichnungen von Mechtild Schöllkopf-Horlacher. 99 Anekdoten um Bürgermeister und Gemeinderäte in Baden-Württemberg, in denen Karl Napf Schlitzohrigkeiten und Skurrilitäten, aber auch so manchen wiehernden Amtsschimmel in Stadt und Land vorführt.

THEISS

Karl Napf ist das Pseudonym des Ministerialrates Ralf Jandl. 1942 geboren und in Vaihingen/Enz aufgewachsen, studierte Ralf Jandl Jura in Tübingen und ist seit 1975 in Stuttgarter Ministerien tätig. Seit 1968 lebt er in Horb-Nordstetten.

Oft ironisch, aber immer versöhnlich hält er seinen Landsleuten den Spiegel vor. »Vorwiegend heiter« ist seine Devise, doch versucht er auch in nachdenklich machenden Geschichten die Schattenseiten unseres Lebens auszuloten.

THEISS